车险投保、理赔的那些事

林绪东 编著

机械工业出版社

本书结合 2020 年车险综合改革的内容以及近年来车险业务的变革和提升，对汽车保险投保、理赔中常见的问题进行了全面的梳理和总结，内容包括保险基础知识、交强险、车辆损失险、第三者责任险、车上人员责任险、附加险、驾乘人员意外险的投保与理赔知识，以及汽车保险该如何买，出险了该如何办，案例分析，共计 450 个问题。全书内容短小精悍，图文并茂，通俗易懂，非常方便广大读者阅读。

本书立足实际，既可作为汽车保险从业者和车主学习车险投保、理赔的图书，也可作为汽车保险专业人员的培训教材，并可供相关行业工作人员阅读参考。

图书在版编目（CIP）数据

车险有问我来答：车险投保、理赔的那些事 / 林绪东 编著. —北京：机械工业出版社，2023.4（2024.4重印）
ISBN 978-7-111-72658-6

Ⅰ.①车… Ⅱ.①林… Ⅲ.①汽车保险－理赔－中国－问题解答 Ⅳ.①F842.634-44

中国国家版本馆CIP数据核字（2023）第028471号

机械工业出版社（北京市百万庄大街22号 邮政编码100037）
策划编辑：齐福江　　　　　　　责任编辑：齐福江　侯力文
责任校对：肖　琳　王明欣　　　封面设计：王　旭
责任印制：李　昂
北京中科印刷有限公司印刷

2024年4月第1版第2次印刷
184mm×260mm·12印张·232千字
标准书号：ISBN 978-7-111-72658-6
定价：75.00元

电话服务　　　　　　　　　　网络服务
客服电话：010-88361066　　机　工　官　网：www.cmpbook.com
　　　　　010-88379833　　机　工　官　博：weibo.com/cmp1952
　　　　　010-68326294　　金　书　网：www.golden-book.com
封底无防伪标均为盗版　　机工教育服务网：www.cmpedu.com

前　言

随着我国经济持续快速发展，机动车保有量继续保持快速增长态势。据中国汽车工业协会统计，2022 年中国汽车产销分别为 2702.1 万辆和 2686.4 万辆，已连续 14 年位居全球第一。随着汽车数量的迅速增加，我国道路交通事故时有发生，造成的人身伤亡和经济损失不容小觑。严酷的事实使人们认识到汽车保险的重要性。汽车保险是与汽车联系最密切的售后服务产品，我国法律规定，凡是上路行驶的机动车都必须购买交强险，这是最基本的险种。除了交强险外，还有机动车商业保险为车主提供更大的保障。

2020 年 9 月，中国银保监会下发《关于实施车险综合改革的指导意见》，宣布正式启动车险综合改革。在银保监会的指导下，中国保险行业协会组织行业力量对 2014 版商业车险示范条款进行了修订完善，在征求多方意见的基础上，形成了《中国保险行业协会机动车商业保险示范条款（2020 版）》。本书结合本次车险综合改革的内容以及近年来车险业务的变革和提升，对汽车保险投保、理赔中常见的问题进行了全面的梳理和总结，内容短小精悍，图文并茂，通俗易懂，书中还列举了大量的案例，以便读者学习。

本书写作过程中得到 A6 工作室魏然、车险专家张永忠、李杰伟及国海明的帮助，在此表示感谢！

限于编者的经历和水平，书中难免有疏漏和不足之处，敬请广大读者批评指正！

编著者

目　录

第二章 交强险那些您不懂的事

第三章　车辆损失险理赔鲜为人知的事

第四章　第三者责任险的投保与理赔

第五章　车上人员责任险的投保与理赔必须知道的那些事

第六章　附加险的投保与理赔的那些事

第七章　驾乘人员意外险该不该买

第八章　汽车保险该如何买

第九章　出险了该如何办

第十章　案例分析

第一章 您必须了解的保险基础知识

第一节 您必须了解的保险概念

001 什么是保险人？

保险人也叫"承保人"，是指与投保人订立保险合同，并承担**赔偿或者给付保险金**责任的人，常指"**保险公司**"。

002 什么是投保人？

投保人是指与保险人订立保险合同，并按照保险合同负有支付保险费义务的人，可以是自然人也可以是法人。投保人不一定是被保险人或受益人。

003 什么是被保险人？

被保险人是指其财产或人身受保险合同保障，享有保险金请求权的人。投保人和被保险人可以是同一人，也可以是不同的人（图1-1）。

例如，父亲为儿子的车辆投保汽车保险，那么父亲是投保人，儿子就是被保险人。如

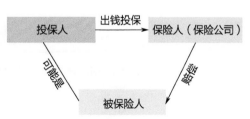

图 1-1　投保人、保险人、被保险人间的关系

果你自己为自己的车辆投保保险，那么你既是投保人也是被保险人。

004　车辆发生事故造成损失，投保人直接向保险公司申请索赔吗？

如果投保人和被保险人不是同一人，是不可以的。因为只有被保险人才享有保险金请求权，投保人必须得到被保险人授权后才可以向保险公司申请索赔。

005　什么是受益人？

受益人是指人身保险合同中由被保险人或投保人指定的享有保险金请求权的人。在汽车保险合同中无须指定受益人。

006　投保人、保险人、被保险人、受益人之间是什么关系？

（1）人身保险合同中投保人、保险人、被保险人、受益人之间的关系见图 1-2。

图 1-2　人身保险合同中投保人、保险人、被保险人、受益人之间的关系

（2）财产保险合同中投保人、保险人、被保险人之间的关系见图 1-3。

图 1-3　财产保险合同中投保人、保险人、被保险人之间的关系

007　什么是保险标的？

保险标的是指保险合同双方当事人权利和义务所指向的对象。财产保险合同中，保险标的指的是投保的财产，比如你为你的爱车投保车险，你的爱车就是保险标的（图1-4）。如果你为你自己投保人身意外险，那么你本人就是这份人身意外险的保险标的。

图 1-4　保险标的

008　什么是保险费？

保险费是投保人为转嫁风险支付给保险人的与保险责任相应的价金。

009　什么是保险金额和责任限额？

保险金额是指保险公司承担赔偿或给付保险金责任的最高限额，即投保人对保险标的的实际投保金额（图1-5），通俗讲就是发生事故造成损失，被保险人能获得保险公司赔偿的最高金额、保险金额和保费的关系见图1-6。责任限额是相对于责任险而言的，比如机动车交通事故责任强制保险（以下简称交强险）、机动车第三者责任保险（以下简称第三者责任险）、机动车车上人员责任保险（以下简称车上人员责任险）的每次事故责任限额。

尊敬的客户，您于2021年12月29日车险投保方案如下：

图 1-5   某保险公司保单

图 1-6   保险金额和保费的关系

010   保险金额是依据什么确定的？

财产保险中，保险金额是根据财产的实际价值确定的，投保时保险金额不能高于财产的实际价值（图 1-7）。比如你的车辆实际价值为 20 万元，投保时保险金额只能是小于或等于 20 万元，不能高于 20 万元。

图 1-7   车辆的保险金额与车辆价值的关系

011   投保责任限额为 200 万元的第三者责任险，保险费就是 200 万元吗？

不是，保险费并不等于责任限额，保险费是投保人为转嫁风险支付给保险人的与保险责任相应的价金，这个价金根据风险程度确定。风险越高，保费就越高，但比赔偿限额低得多。例如赔偿限额为 200 万元的第三者责任险，保险费都不超过 800 元（图 1-8）。

保险合同是射幸合同,对投保人而言,他有可能获得远远大于所支付的保险费的利益,但也可能没有利益可获;对保险人而言,他所赔付的保险金可能远远大于其所收取的保险费,但也可能只收取保险费而不承担支付保险金的责任。

图 1-8　责任险赔偿限额与保费的关系

012　投保汽车保险后,一定是被保险人驾驶车辆出险才能赔吗?

不一定,只要是合法驾驶人驾驶,发生保险责任范围内的事故保险公司就可以赔偿。合法驾驶人就是具有与准驾车型相符的驾驶证,且驾驶证没有被公安机关暂扣、吊销、注销。

013　还没有驾驶证可以买车、投保车险吗?

没有驾驶证可以买车(图 1-9)。投保车险无须驾驶证,车辆上牌也无须驾驶证,投保的车辆可以请有驾驶证的人帮忙提车、办理上牌手续,但车主必须考取驾驶证后才能驾驶车辆上路行驶。

图 1-9　没有驾驶证也可以买车

014 什么是商业保险（Business Insurance）？

以盈利为目的开办的保险险种（财产保险、人身保险），汽车保险中的机动车损失保险（以下简称车辆损失险）、第三者责任险、车上人员责任险、附加险都属于商业保险。

015 什么是自愿保险（Voluntary Insurance）？

保险人与投保人在自愿原则的基础上，通过签订保险合同而建立保险关系的一种保险，上面提到的商业险就属于自愿保险。自愿保险不强制投保，投保人可根据自己实际的风险情况进行投保。

016 什么是法定保险（Mandatory Insurance）？

法定保险又称"强制保险"，是保险人与投保人以法律和政府的有关法规为依据而建立保险关系的一种保险。通俗地讲，法定保险是法律规定必须要投保的险种，不投保就是违法，就要承担相应的法律后果。

汽车保险中的"机动车交通事故责任强制保险"就属于法定保险。驾驶没有投保机动车交通事故责任强制保险（以下简称交强险）的车辆上路行驶属于违法行为，会受到交警的处罚。

017 什么是责任保险？

责任保险是指保险人在被保险人依法应对第三者负赔偿民事责任，并被提出赔偿要求时，承担赔偿责任的财产保险形式。责任保险以被保险人对他人依法应负的民事赔偿责任为保险标的（图1-10），在合同中无保险金额，但规定赔偿限额。

图1-10 责任险的保险标的

018　汽车保险中有哪些责任保险？

机动车常见责任保险见表1-1。

表 1-1　机动车常见责任保险险种

序　号	险　种
1	机动车交通事故强制责任保险
2	机动车第三者责任保险（主险）
3	机动车车上人员责任保险（主险）
4	车上货物责任险（附加险）
5	精神损害抚慰金责任险（附加险）
6	医保外医疗费用责任险（附加险）

019　什么是重复保险？

重复保险是指投保人对同一保险标的、同一保险利益、同一保险事故分别向两个或以上保险人订立保险合同的保险。例如，为某一机动车在不同的保险公司投保了3份车辆损失险就属于重复保险（图1-11）。

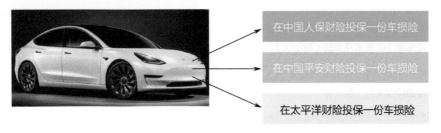

图 1-11　重复保险

020　一辆机动车可以投保多份保险吗？

不可以，同一保险标的投保多份保险属于重复保险，财产保险合同中重复保险并不能获得多份赔偿，反而使投保人多付出几份保险费，保险公司会对重复保险采取比例责任分摊、限额责任分摊、顺序责任分摊赔偿原则进行赔偿（图1-12）。

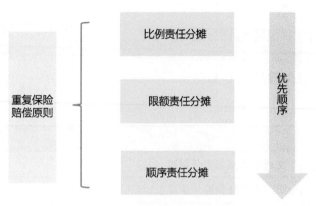

图 1-12　汽车重复保险赔偿原则

021　投保汽车保险，交了保险费保险合同就马上生效吗?

　　车险合同生效有两种方式，一种是零时生效，一种是即时生效。一般情况是投保后的第二天零时开始生效（图 1-13），具体要看和保险公司的约定，约定即时生效的，则即时生效。投保签订合同时一定要看清楚生效时间，最好约定即时生效，如果不是即时生效，最好等合同生效后再开车上路，否则出险将得不到保险公司的赔偿。曾经发生过在 4S 店刚提的新车出门不远就发生事故而两保险公司拒绝赔付的案例（图 1-14）。

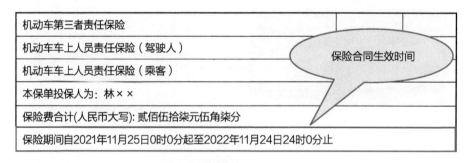

图 1-13　保险合同生效时间

图 1-14
刚提的新车没到家就发生事故

022 投保汽车保险后，一个保险年度内都没发生过事故，保险公司未发生过赔偿，可以退还保费吗？

不可以。保险费是投保人支付给保险公司分担风险的价金，保险公司遵循损失补偿原则，发生保险事故时，保险公司赔偿不超过保险金额的损失费用，没有事故就没有损失，保险公司无须赔偿，也不退还保险费，但下一年度可以享受保险费优惠。

023 汽车保险合同中提到的家庭成员指的是哪些人？

保险合同中的家庭成员是指配偶、父母、子女和其他共同生活的近亲属（图 1-15）。配偶、父母、子女容易认定，共同生活的近亲属往往比较难认定，在同一户口本上的人员不一定属于共同生活的近亲属，而是要共同生活在一起的，比如说兄弟没分家并和父母生活在一起，就属于共同生活的近亲属。

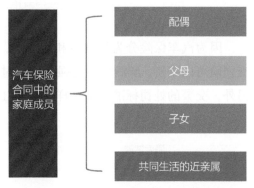

图 1-15　汽车保险合同中的家庭成员

024 兄弟姐妹是否属于汽车保险中提到的家庭成员？

汽车保险中家庭成员包括共同生活的近亲属，在具体实践中，判断兄弟姐妹是否属于家庭成员，要举证是不是共同生活在一起。如果是一直和父母生活在一起的兄弟姐妹，就属于家庭成员；如果是各自成家已独立建立了家庭的，就不能算家庭成员。

025 什么是酒后驾车？

交警认定酒后驾车的标准是驾驶人饮用含有酒精的饮料，驾驶机动车时血液中的酒精含量大于等于 20mg/100mL 且小于 80mg/100mL（图 1-16）。

20mg/100mL	≤	血液中的酒精含量	<	80mg/100mL

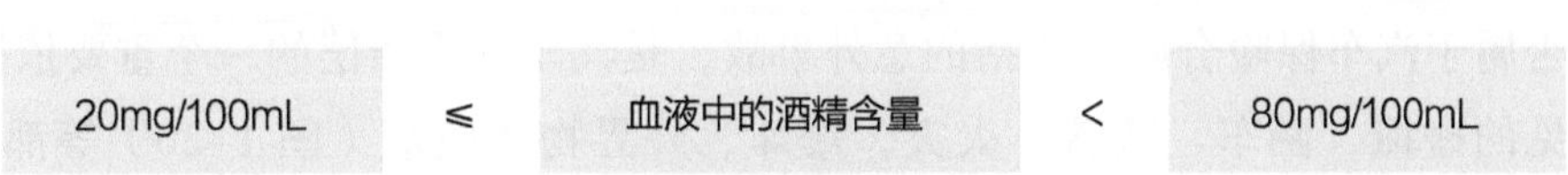

图 1-16　酒驾标准

026　什么是醉酒驾车?

交警认定醉酒驾车的标准是驾驶人饮用含有酒精的饮料,驾驶机动车时血液中的酒精含量大于等于 80mg/100mL(图 1-17)。

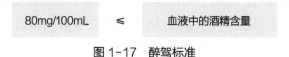

图 1-17　醉驾标准

027　为什么要区分酒后驾车和醉酒驾车?

因为汽车保险分为强制险和商业险,两者的赔付标准是不一样的,酒后驾车出险交强险可以赔偿,醉酒驾车交强险先垫付再追偿,而只要是酒后驾车商业险都不赔偿。另外,交警的处罚标准也不一样(图 1-18)。

图 1-18　酒驾和醉驾的处罚标准

028　汽车保险中的意外事故指的是什么?

汽车保险中的意外事故指被保险人不可预料、无法控制的突发性事件,但不包括战争、军事冲突、恐怖活动、暴乱(图 1-19)、污染(含放射性污染)、核反应、核辐射等,与 2014 版车险条款的意外事故相比,中国保险行业协会机动车商业保险示范条款(2020 版)(以下简称 2020 版车险条款)意外事故的范围更广了。特别注意,界定是否属于汽车保险合同中所指的意外事故,是汽车保险赔偿的一个重要依据。

常见的碰撞、翻车、坠落、火灾、爆炸、外界物体坠落(图 1-20)等都属于汽车保险合同中所指的意外事故。

图 1-19

济宁某马自达 4S 店被打砸

图 1-20

外界物体坠落属于意外事故

029　汽车被小偷撬坏车门，属于意外事故吗？

　　汽车被小偷撬坏车门（图 1-21）属于意外事故，虽然不属于碰撞、翻车、坠落、火灾、爆炸、外界物体坠落等常见的事故，但也属于被保险人不可预料、无法控制的事故。

图 1-21

小偷撬坏车门属于意外事故

030   由于经济纠纷被别人砸坏自己的汽车，属于意外事故吗？

属于意外事故，因为也是被保险人不可预料、无法控制的。但并不是所有意外事故车辆损失险都可以赔偿，在保险合同的责任免除中会列明有哪些意外事故是不负责赔偿的。

031   汽车保险合同中的自然灾害指的是什么？

汽车保险合同中的自然灾害是指对人类以及人类赖以生存的环境造成破坏性影响的自然现象，包括雷击、暴风、暴雨、洪水、龙卷风、冰雹、台风、热带风暴、地陷、崖崩、滑坡、泥石流、雪崩、冰陷、暴雪、冰凌、沙尘暴、地震及其次生灾害等。

032   汽车保险合同中的交通肇事逃逸指的是什么？

汽车保险合同中的交通肇事逃逸是指发生道路交通事故后，当事人为逃避法律责任，驾驶或者遗弃车辆逃离道路交通事故现场以及潜逃藏匿的行为（图1-22）。

是否属于"交通肇事逃逸"关键是看有没有主观故意，如果不是主观故意，而是有特殊情况，比如因抢救伤员离开，就不能定性为交通肇事逃逸，而酒后、吸毒、无证驾驶等违法行为，为逃避事故赔偿和交警处罚而离开的，定性为交通肇事逃逸。

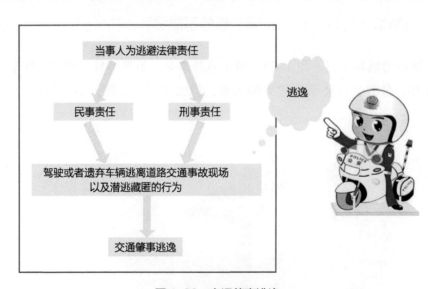

图1-22   交通肇事逃逸

交通肇事逃逸关系到车险的赔偿和交警的处罚，造成严重事故的还关系到法院量刑，所以要准确定义。

在汽车保险中，交通肇事逃逸造成的事故损失交强险可以赔偿，商业险则是免赔。在实践中，酒后驾驶、无证驾驶等违法驾驶的交通肇事逃逸最多。

033 发生交通事故后，离开事故现场送伤员去医院属于交通肇事逃逸吗？

离开事故现场送伤员去医院不属于交通肇事逃逸，因为这是为了抢救伤员驾车离开现场（图1-23），没有主观故意逃避法律责任，所以不属于交通肇事逃逸。

图 1-23 肇事车辆送伤员去医院不属于肇事逃逸

034 汽车保险合同中的法定节假日指的是什么？

汽车保险中的法定节假日包括：中华人民共和国国务院规定的元旦、春节、清明节、劳动节、端午节、中秋节和国庆节放假调休日期，及星期六、星期日，具体以国务院公布的文件为准。

035 广西壮族"三月三"属于法定节假日吗？

"三月三"不属于法定节假日。因为法定节假日不包括因国务院安排调休形成的工作日、国务院规定的一次性全国假日、地方性假日。

036　汽车保险中的新增加设备指的是什么？

汽车保险中的新增加设备是指被保险机动车出厂时原有设备以外的，另外加装的设备和设施，也就是投保新车时车上没有的，买车后加装的配件、设备。特别注意，这些设备一定是固定在车上的，常见的汽车玻璃贴膜、车身改色贴膜（图1-24）、加装尾翼、加装大小包围、单排气管改双排气管、加装行车记录仪等都属于新增加设备。

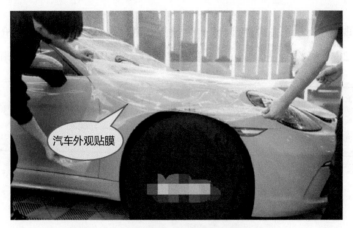

图1-24　汽车改色贴膜属于新增加设备

037　汽车商业保险中的第三者指的是哪些人？

汽车商业保险中的第三者是指因被保险机动车发生意外事故遭受人身伤亡或者财产损失的人，但不包括被保险机动车本车车上人员、被保险人。

038　汽车保险合同中的车上人员指的是哪些人？

车上人员是指发生意外事故的瞬间，在被保险机动车车体内或车体上的人员，包括正在上下车的人员。这关系到出险时是属于车上人员责任险赔偿还是交强险和第三者责任险赔偿。如果事故发生时在车上，而在事故过程中被甩出车外，保险公司偏向定性为车上人员，法院则会根据实际情况定性为第三者，定性为车上人员和定性为第三者得到的赔偿是不一样的。

039　汽车保险合同中的"使用被保险机动车过程"指的是哪些情况？

使用被保险机动车过程是指被保险机动车作为一种工具被使用的整个过程，包括行驶、停放及作业，但不包括在营业场所被维修养护期间，被营业单位拖带或被吊装等施救期间，特别注明了停放及作业属于车辆使用过程，避免了理赔时产生纠纷。

040　车辆投保时保险金额是按车辆的实际价值确定的，那么车辆实际价值是按二手车市场价格确定吗？

保险公司并不是按二手车市场价格确定保险金额，而是通过固定公式计算。计算公式如下：

车辆实际价值=新车购置价-（新车购置价 × 被保险机动车已使用月数 × 月折旧系数）

其中，月折旧系数见表1-2。

表1-2　月折旧系数

车辆种类	月折旧系数			
	家庭自用	非营业	营业	
			出租	其他
9座以下客车	0.60%	0.60%	1.10%	0.90%
10座以上客车	0.90%	0.90%	1.10%	0.90%
微型载货汽车	/	0.90%	1.10%	1.10%
带拖挂的载货汽车	/	0.90%	1.10%	1.10%
低速货车和三轮汽车	/	1.10%	1.40%	1.40%
其他车辆	/	0.90%	1.10%	0.90%

例如，一辆新车购置价为50万元的奥迪轿车，使用5年后车辆的实际价值为：

车辆实际价值=500000-（500000×60×0.60%）=320000（元）

因此，这辆使用5年的奥迪轿车投保时保险金额为32万元。发生事故全损时，保险公司按32万元赔偿。

第二节　您必须了解的保险原则

041　什么是最大诚信原则?

最大诚信原则就是要求双方当事人不隐瞒事实,不相互欺诈,以最大诚信全面履行各自的义务,以保证对方权利的实现。

042　如果被保险人不履行最大诚信原则,会有什么后果?

发生事故时,保险公司有可能拒赔。我国《保险法》第十六条:"订立保险合同,保险人就保险标的或者被保险人的有关情况提出询问的,投保人应当如实告知。"投保人因故意或过失没有履行如实告知义务,将要承担相应的法律后果,保险人有权解除保险合同,如果发生保险事故,保险人有权拒绝赔付。

比如,车辆被车主私自改装造成风险增加,在投保时投保人却没有告诉保险公司,发生相关保险事故时,保险公司将有权拒赔。

043　什么是保险利益原则?

《保险法》第十二条规定:"保险利益是指投保人或者被保险人对保险标的具有的法律上承认的利益。"人身保险的投保人在保险合同订立时,对被保险人应当具有保险利益。财产保险的被保险人在发生保险事故时,对保险标的应当具有保险利益。

044　可以为别人的汽车投保汽车保险吗?

不可以,《保险法》第三十一条规定:"订立合同时,投保人对保险标的不具有保险利益的,合同无效。"

045 借别人的车开，发生了保险事故，借车人可以申领赔偿金吗？

不可以，《保险法》第四十八条规定："保险事故发生时，被保险人对保险标的不具有保险利益的，不得向保险人请求赔偿保险金"。

046 投保二手车保险未做保单批改（俗称过户），出险了保险公司能赔吗？

保险公司可能拒赔，《保险法》第四十八条规定："保险事故发生时，被保险人对保险标的不具有保险利益的，不得向保险人请求赔偿保险金"。《保险法》第十二条规定："保险利益是指投保人对保险标的具有法律上承认的利益。"二手车买卖相当于保险利益发生了转移。

047 汽车保险中的损失补偿原则指的是什么？

损失补偿原则是财产保险特有的原则，是指保险事故发生后，保险人在其责任范围内，对被保险人遭受的实际损失进行赔偿的原则，有损失才有赔偿，没有损失没有赔偿，这是财产保险的基本原则。

赔偿以"保险利益为限、实际损失为限、保险金额为限"。

048 投保了汽车保险，发生事故造成损失保险公司一定赔偿吗？

不一定，必须是保险责任范围内的事故，且不属于责任免除范围。

例如，投保了车辆损失险，驾驶人由于酒后驾车发生了翻车事故造成车辆损失，虽然翻车属于意外事故，属于车辆损失险的保险责任，但酒后驾车属于保险责任免除范围，所以保险公司不赔偿。

049 发生事故造成多少损失保险公司就能赔偿多少吗？

不是，保险公司以实际损失计算赔偿，但赔偿最高金额不能超过保险金额，以保险金额为限额（图1-25）。

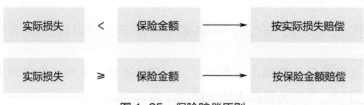

图 1-25　保险赔偿原则

例如，李先生为一辆二手丰田普拉多投保车辆损失险，保险金额为 30 万元，发生事故造成全损，发生事故时同款车辆价值为 35 万元，保险公司应该按 30 万元赔偿李先生，而不是 35 万元。

050　什么是近因原则？

近因原则的含义是损害结果必须与危险事故的发生具有直接的因果关系，若危险事故属于保险人责任范围的，保险人就赔偿或给付。如果损害结果与事故原因不存在因果关系，则保险公司不赔偿。

051　一位心脏病患者梁某投保了意外伤害险，某日梁某开车时汽车被轻轻碰了一下，第二天梁某死亡，其能否获得保险公司的赔偿？

不能获得赔偿。因为汽车被轻轻碰撞不是引起被保险人死亡的直接原因，造成梁某死亡的直接原因是心脏病，梁某的死亡与汽车碰撞不存在因果关系，不符合近因原则（图 1-26）。如果梁某是被汽车直接碰撞身亡，则可获得赔偿。

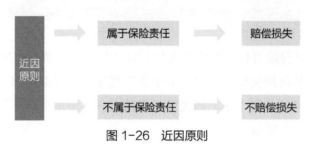

图 1-26　近因原则

052　汽车保险中的分摊原则指的是什么？

分摊原则是损失补偿原则的派生原则，适用于重复保险时不同保险公司分摊赔偿金。其作用主要是防止被保险人获取不当利益和避免引发道德风险。

一般采用比例责任分摊、限额责任分摊、顺序责任分摊 3 种分摊方式。

053　汽车重复保险时，比例责任分摊是如何分摊赔偿金的？

比例责任分摊也称保险金额比例分摊，是各保险人按各自单独承保的保险金额占总保险金额的比例来分摊保险事故损失的方式。计算公式如下：

某保险人承担的赔偿责任 = 该保险人的保险金额 / 所有保险人的保险金额总和 × 实际损失

054　汽车重复保险时，限额责任分摊是如何分摊赔偿金的？

责任限额分摊也称赔款比例分摊，是指保险人承担的赔偿责任以单独承保时的赔款额作为分摊的比例而不是以保额作为分摊的基础。计算公式为：

某保险人承担的赔偿责任 = 该保险人单独承保时的赔款金 / 所有保险人单独承保时的赔款金额的总和 × 实际损失

055　汽车重复保险时，顺序责任分摊是如何分摊赔偿金的？

按出单时间顺序赔偿，先出单的公司在其保险限额内赔偿，后出单的公司只在其损失额超出前家公司的保险额时，再在其保险限额内赔偿超出部分，如果还有其他保险公司承担，那么依据时间顺序按照此方法顺推下去（图 1-27）。

图 1-27　重复保险的赔偿原则

056　什么是代位追偿原则？

代位追偿是指由于第三者的过错致使保险标的发生保险责任范围内的损失，保险人按照保险合同的约定给付了保险金后，依法取得向对损失负有责任的第三者进行追偿的权利。通俗地讲就是由于别人的过错，不是自己的过错造成的损失，保险公司赔偿被保险人后取得代位追偿的权利。代位追偿解决了车辆无责不赔的问题。

057 行使代位追偿必须满足什么条件?

1)保险标的损失必须是由第三者造成的。

2)保险标的的损失是保险责任范围内的损失。

3)代位追偿权的产生必须在保险人给付保险金之后。

4)不能放弃对第三方追偿的权利。

5)必须投保了车辆损失险,才能对车辆损失先垫付再追偿。

058 车辆被别人撞坏,放弃了要求对方赔偿的权利,还能申请保险公司代位追偿吗?

不可以,因为放弃了要求对方赔偿的权利相当于已没有债权,保险公司已无追偿对象。所以在车辆被别人撞坏需要对方赔偿的情况下,首先要先跟对方索赔,一定不能放弃要求对方赔偿的权利,除非真的不需要对方赔偿也不需要保险公司赔偿。

059 车辆已投保交强险、第三者责任险,没有投保车辆损失险,车辆损失可以申请保险公司代位追偿吗?

不可以,因为代位追偿是保险公司先赔偿由于第三方过错造成被保险人车辆的损失,再取代被保险人去追偿对方,没有车辆损失险保险公司无法赔偿车辆损失。

060 交强险、第三者责任险可以行使代位追偿吗?

不可以,交强险、第三者责任险是赔偿第三方损失的险种,所有车险险种中只有车辆损失险能代位追偿。

061 投保了车辆损失险,车辆被对方撞坏,对方不赔怎么办?

这种情况(图1-28)可以申请保险公司代位追偿,受害方车主先申请车辆承保的保险公司赔偿车辆的损失,把追偿权转让给保险公司,由保险公司向对方追偿。被保险人只须协助保险公司追偿即可。

图 1-28　对方没钱赔偿

被保险人如果在实际中遇到这种情况，一定要主动申请代位追偿，在实际中保险公司都是通知被保险人去找致害方赔偿，保险公司不会主动履行代位追偿，因此被保险人要主动申请。

062　车辆损失是自己造成的，可以行使代位追偿吗？

代位追偿要求损失必须是第三方造成的才可以，自己造成的损失（图 1-29），可以申请自己车辆的车辆损失险赔偿，如果没有投保车辆损失险，就只能自己承担了。

图 1-29　自身原因造成的事故

063　发生事故时，车辆被别人撞坏，对方有钱也不赔怎么办？

发生事故后，首先要向对方申请赔偿，如果对方有钱也不赔（图1-30），可以申请代位追偿，前提是要符合代位追偿条件。

图1-30　对方有钱也不赔

064　发生事故时，对方是一个无赔偿能力的车主，怎么办？

首先不能放弃要求赔偿的权利，若车辆已投保车辆损失险，则可以向保险公司申请代位追偿。如果放弃了要求对方赔偿的权利，就失去了代位追偿的权利，保险公司也不会赔偿。如果觉得对方确实可怜，值得同情，可以放弃向对方追偿。

065　发生事故被对方撞坏车辆，对方既不说不赔，也不说赔，但就是拖着不赔，怎么办？

遇到这种情况，首先向肇事方要求赔偿，如果对方拖着不赔，可以向保险公司申请代位追偿。保险公司赔偿后，由保险公司和对方打交道。

066　发生事故时，对方拒签事故认定书，怎么办？

遇到这种情况（图1-31），符合代位追偿条件的，拿着交警出具的事故认定书向保险公司申请代位追偿即可。保险公司赔偿后，由保险公司和对方打交道。

图 1-31　肇事驾驶人拒签事故认定书

067 对方撞了你的车后逃逸，怎么办？

对方肇事逃逸（图 1-32），如果能记住肇事车车牌号码，且车辆已投保车辆损失险的可以申请代位追偿。如果没记住肇事车车牌号码，报警后交警也没找到肇事者，则无法行使代位追偿，只能自己承担损失了。

068 车辆停放在路边，被别人的车撞了，但不知道是谁撞的，可以申请代位追偿吗？

不可以，因为根本不知道对方是谁，代位追偿没有追偿对象（图 1-33）。这种情况可以直接申请本车的车辆损失险赔偿。

图 1-32　对方肇事逃逸　　　　　　　　图 1-33　车辆停放路边被撞

第二章 交强险那些您不懂的事

第一节 **交强险投保您必须明白的事**

069 什么是交强险?

交强险是机动车交通事故责任强制保险的简称,是法定保险。这里需特别注意两个关键词:一是强制,交强险具有强制性;二是责任,所谓责任就是由于驾驶人的过错,造成别人受到伤害(人身伤亡、财产损失)应由驾驶人承担的赔偿责任,通俗点说就是为驾驶人的过错买单的保险。

070 交强险是什么时候开始实施的,经历了几次改革?

交强险于2006年7月1日正式实施,经过两年应用后于2008年进行了第一次改革,大幅提高赔偿限额。2008年版条款使用时间比较长,使用了12年后,2020年9月中国银保监会对车险进行第二次改革,再次对交强险的赔偿限额进行了调整(表2-1)。

071 交强险是赔给谁的?

交强险是一个责任保险,是保险公司为赔偿投保了本险种的车辆造成第三方损失的险种。即交强险只能赔偿除本车车上人员(发生事故时在车上的人员)、被保险人(保单上列名的)以外的受害人的损失(图2-1)。

表2-1　交强险三次条款赔偿限额对比　　　　（单位：元）

赔偿项目	2006版		2008版		2020版	
	有责	无责	有责	无责	有责	无责
死亡伤残	50000	10000	110000	11000	180000	18000
医疗费用	8000	1600	10000	1000	18000	1800
财产损失	2000	400	2000	100	2000	100
合计	60000	12000	122000	12100	200000	19900

　　特别注意，交强险合同中的被保险人是投保人及其允许的合法驾驶人，而实际上投保人和被保险人基本上是同一人。投保人是指与保险人订立合同，并按照合同负有支付保险费义务的机动车的所有人、管理人。

　　交强险合同中被保险人还包含了投保人允许的驾驶人，这点也要特别注意，因为在交强险合同中都是关于"被保险人"的表述，没有特别注明投保人允许的驾驶人。比如合同中"被保险人故意制造交通事故的"，这里的"被保险人"除了投保人，还包含投保人允许的驾驶人。

图2-1　交强险的赔偿对象

072   交强险能赔什么损失？

交强险能赔第三方受害人的人身伤亡和财产损失（图 2-2）。赔偿时分财产损失、受伤医疗、死亡伤残 3 项，财产损失最高赔偿 2000 元、医疗费用最高赔偿 18000 元，死亡伤残最高赔偿 180000 元。

图 2-2   交强险能赔偿的损失

073   交强险该由谁来投保？

根据《机动车交通事故责任强制保险条例》（以下简称《交强险条例》）规定，在中华人民共和国境内道路上行驶的机动车的所有人或者管理人都应当投保交强险。如果是私家车，投保人就是机动车的所有人；如果是单位车，投保人就是车辆的管理人。

074   机动车所有人不为车辆投保交强险违法吗？

交强险是法定保险，是国家法律规定所有上路的机动车都必须投保的险种，不投保交强险是违法行为，会受到法律的制裁（图 2-3）。

图2-3 交警检查交强险

075 不投保交强险的车辆上路行驶会受到怎样的处罚？

《交强险条例》规定，对未投保交强险的机动车，机动车管理部门不得予以登记，机动车安全技术检验机构不得予以检验；机动车所有人、管理人未按照规定投保交强险的，由公安机关交通管理部门扣留机动车，通知机动车所有人、管理者依照规定投保，处依照规定投保最低责任限额应缴纳的保险费的2倍罚款（图2-4）。

076 借朋友的车开，朋友的车逾期未投保交强险，在路上被交警查扣，交警要求投保交强险并接受处罚后才能把车取回，请问该由谁投保、罚款又应由谁缴纳？

要回答这个问题，首先要知道谁违法，《交强险条例》规定在中华人民共和国境内道路上行驶的机动车的所有人或者管理人都应当投保交强险，所以违法的是机动车的所有人，应该是由机动车的所有人投保交强险。

机动车的所有人说车辆是你驾驶上路的，是你被交警查扣的，应该由你来缴纳罚款，请问这种说法是否正确？

这种说法不正确，因为开车上路的人并没有违法，本次交警查扣车辆是因为车辆未投保交强险，所以缴纳罚款的也应是机动车所有人而不是驾驶人。如果是驾驶人闯红灯、超速等交通违法行为，接受处罚的就应该是驾驶人而不是机动车所有人。

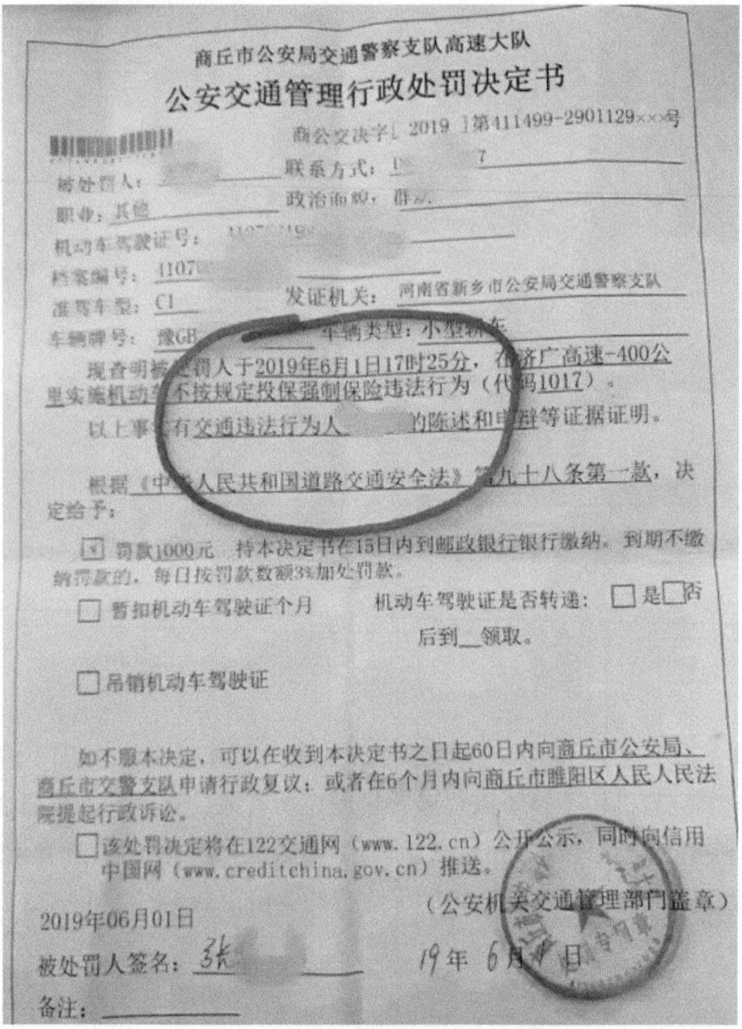

商丘市公安局交通警察支队高速大队
公安交通管理行政处罚决定书

商公交决字[2019]第411499-2901129×××号

被处罚人：　　　　联系方式：1　　7

职业：其他　　　　政治面貌：群众

机动车驾驶证号：　　　　

档案编号：1107　　　　发证机关：河南省新乡市公安局交通警察支队

准驾车型：C1

车辆牌号：豫GB　　　　车辆类型：小型轿车

现查明被处罚人于2019年6月1日17时25分，在济广高速-400公里实施机动车不按规定投保强制保险违法行为（代码1017）。

以上事实有交通违法行为人　　　的陈述和申辩等证据证明。

根据《中华人民共和国道路交通安全法》第九十八条第一款，决定给予：

☑ 罚款1000元　持本决定书在15日内到邮政银行银行缴纳。到期不缴纳罚款的，每日按罚款数额3%加处罚款。

☐ 暂扣机动车驾驶证个月　　机动车驾驶证是否转递：☐是☐否
　　　　　　　　　　　　　　　　后到__领取。

☐ 吊销机动车驾驶证

如不服本决定，可以在收到本决定书之日起60日内向商丘市公安局、商丘市交警支队申请行政复议；或者在6个月内向商丘市睢阳区人民人民法院提起行政诉讼。

☐ 该处罚决定将在122交通网（www.122.cn）公开公示，同时向信用中国网（www.creditchina.gov.cn）推送。

2019年06月01日　　　　　　　　　（公安机关交通管理部门盖章）

被处罚人签名：张　　　　19年6月 日

备注：　　　　

图 2-4　未投保交强险交警开出的罚单

077. 交强险的赔偿分为有责任赔偿和无责任赔偿，有责和无责是如何划分的？

交强险赔偿是以无过失责任为基础的，也就是有责任赔偿、无责任也赔偿；并且只分有责和无责，不分责任大小，有责和无责划分如图2-5所示。

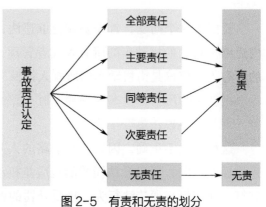

图 2-5　有责和无责的划分

078. 交强险是如何赔偿的?

交强险实行有责和无责分项赔偿,包括死亡伤残、医疗费用、财产损失3项,各项赔偿限额是不一样的,每次事故的赔偿限额见表2-2。

表2-2　交强险各分项赔偿限额

赔偿项目	有责	无责
死亡伤残赔偿限额	180000元	18000元
医疗费用赔偿限额	18000元	1800元
财产损失赔偿限额	2000元	100元
合计	200000元	19900元

特别注意,这里的赔偿限额为每次事故责任限额,也就是单次事故赔偿限额,发生事故赔偿后,合同继续有效,直到合同期满,也就是说在合同期内可以不限次数的赔偿,并且每次赔偿不会累加,例如有责财产损失赔偿限额为2000元,发生一次事故赔偿2000元后,下次出险还可以赔偿2000元,直到合同期满。

079. 发生交通事故造成第三方损失,交强险赔偿死亡伤残和财产损失有区别吗?

交强险的赔偿原则是以人为本,人身伤亡和财产损失的赔偿金额有较大的区别。如果是有责任财产损失最多只能赔偿2000元,而死亡伤残最高能赔180000元。只投保交强险的机动车上路行驶时要远离高档车特别是豪车,否则倾家荡产都赔不起(图2-6)。"机动车裸奔上路",风险是相当大的。

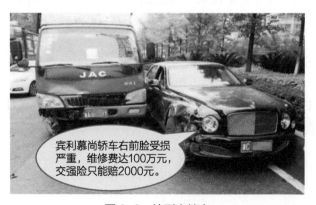

宾利慕尚轿车右前脸受损严重,维修费达100万元,交强险只能赔2000元。

图2-6　撞到高档车

080   交强险基础保费指的是什么?

交强险基础保费是指购买新车或二手车后第一次投保交强险的保费。只要车型、使用性质一样,第一次投保交强险时的保费都是一样的。常见车型交强险基础费率见表2-3。

表2-3   常见车型交强险基础费率表

车辆大类	序号	车辆明细分类	保费/元
一、家庭自用车	1	家庭自用汽车6座以下	950
	2	家庭自用汽车6座及以上	1100
二、非营业客车	3	企业非营业汽车6座以下	1000
	4	企业非营业汽车6~10座	1130
	5	机关非营业汽车6座以下	950
	6	机关非营业汽车6~10座	1070
三、营业客车	7	营业出租租赁6座以下	1800
	8	营业公路客运10~20座	2620
	9	营业公路客运20~36座	3420
	10	营业公路客运36座以上	4690
四、营业货车	11	营业货车2t以下	1850
	12	营业货车10t以上	4480
五、摩托车	13	摩托车50~250mL(含)	120
	14	摩托车250mL以上及侧三轮	400

说明:座位和吨位的分类都按照"含起点不含终点"的原则来解释。

081   交强险的费率是全国统一的吗?

2020年9月19日之前交强险费率是全国统一的。2020年9月19日之后,不同地区费率是不一样的(表2-4、表2-5)。

表 2-4　交强险费率的地区分类

序号	地区类型	地区
1	A 类	内蒙古、海南、青海、西藏
2	B 类	陕西、云南、广西
3	C 类	甘肃、吉林、山西、黑龙江、新疆
4	D 类	北京、天津、河北、宁夏
5	E 类	江苏、浙江、安徽、上海、湖南、湖北、江西、辽宁、河南、福建、重庆、山东、广东、深圳、厦门、四川、贵州、大连、青岛、宁波

表 2-5　不同类型地区交强险费率差异

浮动因素	浮动比率				
	A 类地区	B 类地区	C 类地区	D 类地区	E 类地区
上一个年度未发生有责任道路交通事故	–30%	–25%	–20%	–15%	–10%
上两个年度未发生有责任道路交通事故	–40%	–35%	–30%	–25%	–20%
上三个及以上年度未发生有责任道路交通事故	–50%	–45%	–40%	–35%	–30%
上一个年度发生一次有责任不涉及死亡的道路交通事故	0	0	0	0	0
上一个年度发生两次及两次以上有责任道路交通事故	10%	10%	10%	10%	10%
上一个年度发生有责任道路交通死亡事故	30%	30%	30%	30%	30%

082　交强险保费和交通违法次数挂钩吗？

目前还不是，目前交强险保费是和有责任的赔偿次数挂钩。一个保险年度内无有责任赔偿记录，下一年度费率将下浮；发生有责任赔偿记录，下一年度费率将上浮。

以 E 类的广东、江苏等地区为例，一个保险年度无有责任赔偿记录，费率将下降10%；连续 3 年无有责任赔偿记录费率将下降 30%；一个保险年度内有一次不涉及死亡的有责任赔偿记录，下一年度保费将回到第一次买交强险的基础保费；有 2 次及 2次以上有责任赔偿记录，下一年度费率将上浮 10%；发生有责任的死亡伤残赔偿记录，下一年度将上浮 30%。不管有多少次赔偿记录，最高只能上浮 30%。

083　车主可以自己计算车辆交强险保费吗？

交强险保费计算是比较简单的，知道基础保费和浮动费率就可以自行计算，计算公式如下：

交强险最终保险费 = 交强险基础保险费 ×（1+ 与道路交通事故相联系的浮动比率）

例如，一辆在北京使用的宝马 530 轿车，已连续 2 年未出险，可以通过以下方法计算下一年度交强险保费：先查表 2-3 中宝马 530 轿车基础保费为 950 元，再查表 2-5 北京地区连续 2 年不出险费率下浮 25%。计算如下：

交强险保费 =950×（1-25%）=712.5（元）

084 连续 10 年都无有责任赔偿记录，交强险保费会降到 0 元吗？

不会降到 0 元。以下浮比例最大的 A 类地区（内蒙古、海南、青海、西藏）为例，下浮的最大比例为 50%（连续 3 年不出险），则一辆 5 座家用轿车交强险保费最低为 475 元。

再如，B 类地区（陕西、云南、广西）5 座家庭自用轿车的交强险下浮费率情况如图 2-7 所示。

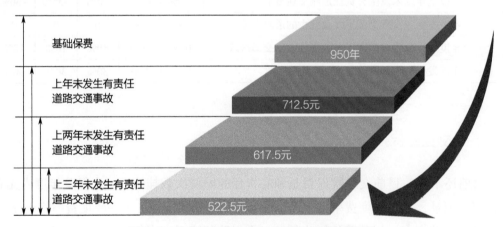

图 2-7 B 类地区家用轿车交强险下浮费率情况

085 交强险保费上不封顶吗？

不会上不封顶。无有责任死亡伤残赔偿记录的，不管出险多少次，保费最多上浮 10%；有过有责任死亡伤残赔偿记录的，保费最高上浮 30%。一辆 5 座家用轿车交强险保费最高为 1235 元。

全国各地交强险的上浮费率是统一的，5 座家用轿车上浮费率情况如图 2-8 所示。

如果连续3年无出险赔付记录,交强险保费已降到最低,后来发生一次有责任无死亡的赔款,下一年度的保费会回到第一次投保时的基础保费。即

交强险最终保险费 = 交强险基础保险费 × (1+ 与道路交通事故相联系的浮动比率)

= 交强险基础保险费 × (1+0)

= 交强险基础保险费

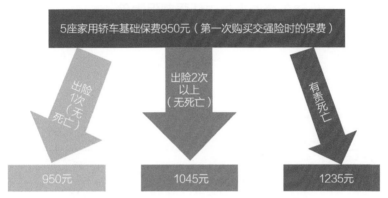

图2-8 5座家用轿车全国交强险上浮费率情况

086 投保的二手车可以延续原车主的保险费率优惠吗?

不可以,二手车转籍后相当于变更了车辆所有人,要重新投保(图2-9)。

以下几种情况,交强险费率不浮动。保险费用为基础保费:

1)新车首次投保交强险。

2)车辆所有权转让,新机动车所有人首次投保交强险。

3)摩托车、拖拉机不管出不出险,一直沿用基础保费。

图2-9 二手车交强险不能延续原车主的优惠费率

087   投保交强险时可以不缴纳车船税吗？

不可以。依法纳税是每个公民的义务，车船使用税和交强险是捆绑销售的，在投保交强险的同时必须缴纳车船使用税（图2-10）。

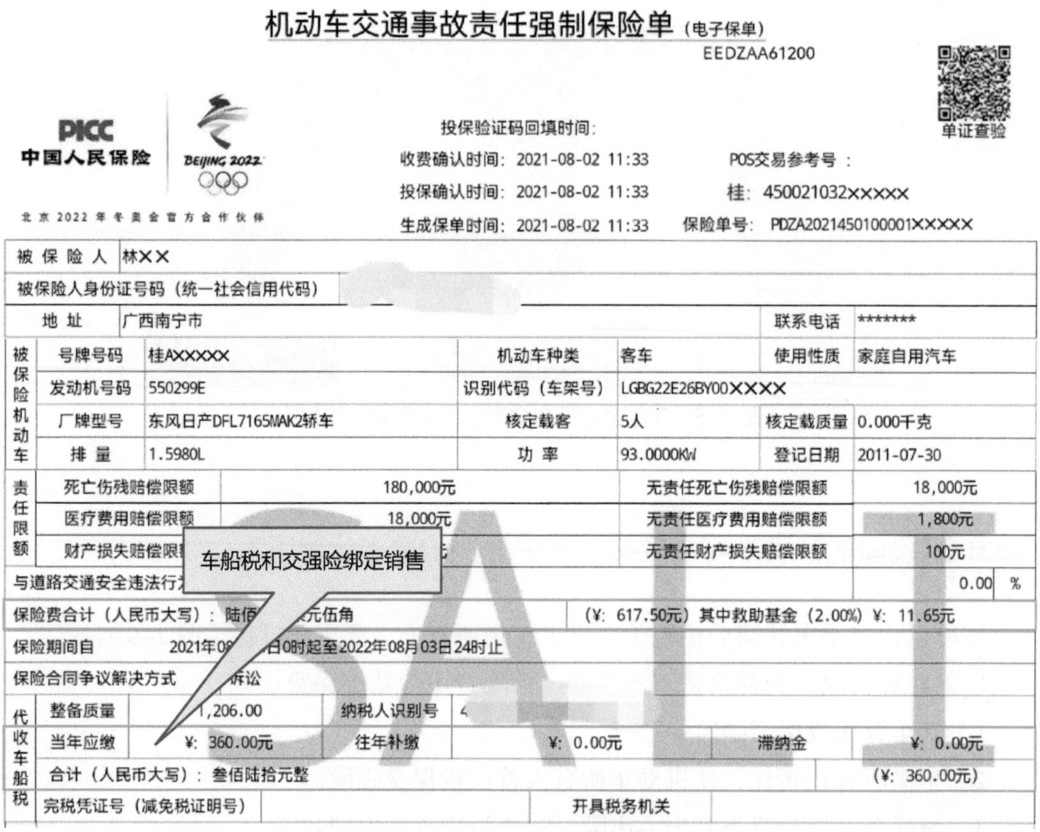

机动车交通事故责任强制保险单 （电子保单）

EEDZAA61200

PICC 中国人民保险

BEIJING 2022

北京 2022 年冬奥会官方合作伙伴

投保验证码回填时间：

收费确认时间：2021-08-02 11:33

投保确认时间：2021-08-02 11:33

生成保单时间：2021-08-02 11:33

POS交易参考号：

桂：450021032×××××

保险单号：PDZA2021450100001×××××

单证查验

被保险人	林××				
被保险人身份证号码（统一社会信用代码）					
地址	广西南宁市			联系电话	*******

被保险机动车	号牌号码	桂A××××××	机动车种类	客车	使用性质	家庭自用汽车
	发动机号码	550299E	识别代码（车架号）	LGBG22E26BY00××××		
	厂牌型号	东风日产DFL7165MAK2轿车	核定载客	5人	核定载质量	0.000千克
	排量	1.5980L	功率	93.0000KW	登记日期	2011-07-30
责任限额	死亡伤残赔偿限额	180,000元		无责任死亡伤残赔偿限额		18,000元
	医疗费用赔偿限额	18,000元		无责任医疗费用赔偿限额		1,800元
	财产损失赔偿限额			无责任财产损失赔偿限额		100元
与道路交通安全违法行为						0.00 %
保险费合计（人民币大写）：陆佰壹拾柒元伍角				（¥：617.50元）其中救助基金（2.00%）¥：11.65元		
保险期间自	2021年0□日0时起至2022年08月03日24时止					
保险合同争议解决方式		诉讼				
代收车船税	整备质量	1,206.00	纳税人识别号	4□		
	当年应缴	¥：360.00元	往年补缴	¥：0.00元	滞纳金	¥：0.00元
	合计（人民币大写）：叁佰陆拾元整					（¥：360.00元）
	完税凭证号（减免税证明号）			开具税务机关		

车船税和交强险绑定销售

图2-10   投保交强险须同时缴纳车船税

088   每辆车的车船税税额都是一样的吗？

不一样，乘用车的车船税是和车辆的排量挂钩的，排量越大，需要缴纳的税额就越大（表2-6）。

表 2-6　乘用车的车船税税额

乘用车排量	年基准税额	备注
1.0L（含）以下的	60 元至 360 元	
1.0L 以上至 1.6L（含）的	300 元至 540 元	
1.6L 以上至 2.0L（含）的	360 元至 660 元	
2.0L 以上至 2.5L（含）的	660 元至 1200 元	核定载客人数 9 人（含）以下
2.5L 以上至 3.0L（含）的	1200 元至 2400 元	
3.0L 以上至 4.0L（含）的	2400 元至 3600 元	
4.0L 以上的	3600 元至 5400 元	

089　新能源汽车需要投保车船税吗？

根据财政部、税务总局、工业和信息化部、交通运输部下发的《关于节能新能源车船享受车船税优惠政策的通知》（财税〔2018〕74 号）规定：对使用新能源车船，免征车船税。免征车船税的新能源汽车是指纯电动商用车、插电式（含增程式）混合动力汽车、燃料电池商用车。纯电动乘用车和燃料电池乘用车不属于车船税征税范围，对其不征车船税，但必须投保交强险。

090　两车相撞，两车均已投保交强险，无责方也要赔款给全责方吗？

使用无责代赔原则赔付，就是均已投保交强险的两车发生交通事故时，若两车都有损失，一方全责、一方无责，无责方不用向自身的保险公司报案、索赔，直接由全责方通过自己的保险公司在自身的交强险无责财产损失赔偿限额内代为赔偿，赔偿限额为 100 元，不占用其他赔偿项目的赔偿限额（图 2-11）。

图 2-11
无责方交强险由全责方代为赔偿

091　两车相撞能各自找自己投保交强险的保险公司赔偿吗?

按交强险的赔偿规则，交强险只能赔偿第三方的损失，两车相撞，互为第三方，我赔你，你赔我，是不能找自己的保险公司赔偿损失的，但满足以下条件时，可以采用"互碰自赔"（图 2-12）方式处理。

图 2-12
交强险"互碰自赔"

1）两车或多车互碰，各方均投保交强险。

2）仅涉及车辆损失（包括车上财产和车上货物）、不涉及人员伤亡和车外财产损失，各方车损金额均在交强险有责任财产损失赔偿限额（2000 元）以内。

3）由交通警察认定或当事人根据出险地关于交通事故快速处理的有关规定自行协商确定双方均有责任（包括同等责任、主次责任）。

4）当事人同意采用"互碰自赔"方式处理。

092　车撞人了，保险公司赔付交强险时，需要被保险人同意才能赔款给第三方受害人吗?

不是，交强险属于责任保险，赔款要确保赔付到受害人手中，不能落到被保险人手中。保险公司不需要被保险人同意，可以直接赔付给受害人，除非被保险人已赔偿给受害人。

093　一次事故就赔到责任限额，下一次再发生事故交强险还可以赔偿吗?

可以赔偿，交强险的责任限额是每次事故的责任限额，在保险年度内，是无限次数赔偿的，但每次赔偿不能超过限额。

例如，某一次交通事故造成 3 人死亡，肇事车负事故的全部责任，需要赔偿每位受害人 80 万元，一共 240 万元，交强险可以赔偿 18 万元，相当于这次赔完了死亡伤残赔偿限额。如果在保险期内再次发生人员死亡的事故，保险公司还可以再次赔偿不超过 18 万元的死亡伤残费用。

094　受害人能直接找肇事车投保的保险公司请求赔偿吗？

《保险法》第六十五条规定，责任保险的被保险人给第三者造成损害，被保险人对第三者应负的赔偿责任确定的，根据被保险人的请求，保险人应当直接向该第三者赔偿保险金。被保险人怠于请求的，第三者有权就其应获赔偿部分直接向保险人请求赔偿保险金。

095　发生交通事故，造成无任何亲属的人员（无名氏）伤亡，交强险需要赔偿吗？

交通事故死亡人员身份无法确认的（图 2-13），其交强险赔偿金由道路交通事故社会救助基金管理机构提存保管。无法由道路交通事故社会救助基金管理机构提存的，保险公司可以对已产生的费用如医疗费、丧葬费按照交强险赔偿标准凭票据赔偿，其他项目原则上不应向无赔偿请求权的个人或机构赔偿，可以根据法律文书另行处理。

图 2-13
撞到无名氏

096　发生交通事故，造成人员受伤应如何垫付医药费？

保险公司收到受害人抢救费用支付申请时，被保险人在交通事故中是否有责任尚未明确的，在无责任医疗费用赔偿限额内支付抢救费用，即最多垫付 1800 元。

在道路交通管理部门确认被保险人在交通事故中负有责任后，保险公司应及时在交强险有责任医疗费用赔偿限额内补充应垫付的抢救费用。

097　发生交通事故造成第三方伤亡，被保险人可以放弃保险公司赔偿吗？

有的被保险人说："保险是我买的，我申请保险公司不赔偿第三方的损失。"这是不可以的。责任保险的被保险人给第三者造成损害，被保险人未向该第三者赔偿的，被保险人不得放弃保险公司赔偿，保险人也不得向被保险人赔偿保险金，除非被保险人已赔偿给受害人。

098　车辆报废可以退交强险保费吗？

可以退还剩余部分交强险保费，计算公式如下：

退还交强险保费 = 保费 −（保费 /365）× 已使用天数

例如：某一车辆投保交强险保费为 950 元，使用 100 天后车辆报废，请问能退还多少保费？计算如下：

退还交强险保费 =950−（950/365）× 100=689.73（元）

099　摩托车、拖拉机需要投保交强险吗？

凡是在中华人民共和国境内行驶的机动车都必须投保交强险，摩托车、拖拉机也属于机动车，所以必须投保。

100　摩托车、拖拉机交强险保费每年浮动吗？

摩托车、拖拉机交强险保费实行固定费率，不管有无赔款记录，保费都不浮动！

101　事故发生后，故意破坏、伪造现场，交强险赔偿吗？

按交强险合同约定故意破坏、伪造现场不在交强险责任免除范围内，发生交通事故造成第三方损失的，交强险可以赔付。

102 发生交通事故造成第三方损失，然后逃逸的，交强险赔偿吗？

可以赔偿，因为肇事逃逸（图2-14）不在交强险责任免除范围内，所以可以赔偿。

图 2-14
肇事逃逸

103 酒后驾车发生交通事故造成第三方损失，交强险赔偿吗？

酒后驾车（图2-15）可以赔偿，因为酒后驾车不在交强险责任免除范围内；醉酒驾车造成受害人受伤的，保险公司在医疗费用赔偿限额内垫付，对于垫付的抢救费用，有权向致害人追偿。

图 2-15
无证、毒驾、醉驾

104 吸毒驾车发生交通事故造成第三方损失，交强险赔偿吗？

可以赔偿，毒驾不在交强险责任免除范围内，所以可以赔偿。

105 一群朋友飙车，发生事故造成第三方损失，交强险赔偿吗？

可以赔偿，飙车不在交强险责任免除范围内，所以可以赔偿。

106 驾驶未年检的车辆发生交通事故造成第三方伤亡，交强险赔偿吗？

可以赔偿，车辆未年检（图 2-16）不在交强险责任免除范围内，所以可以赔偿。

图 2-16
未年检车辆发生事故

107 投保二手车，交强险未过户，出险后保险公司可以赔偿第三方损失吗？

可以赔偿。交强险未过户不在交强险责任免除范围内，发生交通事故造成第三方损失的，交强险可以赔付。按保险利益原则应该是不赔偿的，但交强险例外。

108 车辆撞人造成对方残疾，对方索赔精神损失费，交强险赔偿吗？

可以赔偿。交强险死亡伤残赔偿限额和无责任死亡伤残赔偿限额项下负责赔偿丧葬费、死亡补偿费、受害人亲属办理丧葬事宜支出的交通费用、残疾赔偿金、残疾辅助器具费、护理费、康复费、交通费、被扶养人生活费、住宿费、误工费，被保险人依照法院判决或者调解承担的精神损害抚慰金。

109 某一车辆发生有责任交通事故，造成 10 人死亡，交强险是按每人赔偿 18 万元吗？

交强险的赔偿限额是单次事故赔偿限额，也就是说在一次事故中不管有多少损失，赔款都不能超过限额，赔偿时要把所有的第三方损失视为一个整体。

事故造成 10 人死亡，但保险公司只能赔偿 18 万元，10 人平均分这 18 万元赔款，每人分得 1.8 万元。

110 某一车辆在一个保险年度出现了多次交通事故赔偿，下一年度保险公司可以拒保交强险吗？

车辆多次出险（图 2-17）保险公司不能拒保。《交强险条例》规定，投保人可以选择具有从事交强险业务的保险办理交强险，被选择的保险公司不能拒绝或者拖延承保。如果拒绝或拖延的，由国务院保险监督管理机构责令改正，并处 5 万元以上 30 万元以下罚款；情节严重的，可以限制业务范围、责令停止接受新业务或者吊销经营保险业务许可证。

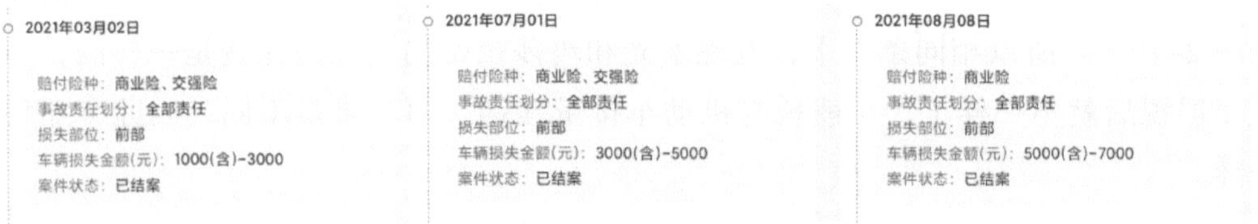

2021年03月02日
赔付险种：商业险、交强险
事故责任划分：全部责任
损失部位：前部
车辆损失金额(元)：1000(含)-3000
案件状态：已结案

2021年07月01日
赔付险种：商业险、交强险
事故责任划分：全部责任
损失部位：前部
车辆损失金额(元)：3000(含)-5000
案件状态：已结案

2021年08月08日
赔付险种：商业险
事故责任划分：全部责任
损失部位：前部
车辆损失金额(元)：5000(含)-7000
案件状态：已结案

图 2-17　出险记录查询

111 交强险的责任限额可以和保险公司协商决定吗？

不可以。交强险实行的是全国统一固定赔偿限额，不管是在发达地区或落后地区限额都是一样的。

112 摩托车（排量为 50~250mL）每年交强险保费只需 120 元，发生有责任交通事故造成人员伤亡，最高也能赔偿 18 万元吗？

摩托车发生有责任交通事故造成人员伤亡（图 2-18），最高也能赔偿 18 万元。机动车交强险根据车型、使用性质不同保费有差别，但赔偿限额是一样的，所以摩托车和汽车的交强险赔偿限额是一样的。

图 2-18　摩托车发生交通事故

113 玛莎拉蒂的交强险保费是比五菱宏光高吗？

不是。交强险保费只和车辆类型、使用性质、赔款次数有关，与车辆价值无关（图 2-19）。所以相同条件下，五菱宏光和玛莎拉蒂的交强险保费是一样的，但加上车船税后就不一样了，车船税与机动车排量挂钩，两车排量不同，因此车船税不一样。

图 2-19　交强险保费与车辆价值无关

第二节 交强险不赔的那些事

114　什么是先垫付后追偿？

被保险机动车在下列之一的情形下发生交通事故，造成受害人受伤需要抢救的，对于符合规定的抢救费用，保险公司在交强险责任限额范围内垫付，并有权向致害人追偿。

1）驾驶人未取得驾驶资格的。

2）驾驶人醉酒的。

3）被保险机动车被盗抢期间肇事的。

4）被保险人故意制造交通事故的。

115　无证驾驶发生交通事故造成第三方受伤，交强险赔偿吗？

不赔偿，可以垫付。若为有责方，保险公司按有责任限额垫付医疗费用；若为无责方，按无责任限额垫付医疗费用，然后向肇事者进行追偿。

116　醉酒驾车发生交通事故造成第三方损失，交强险赔偿吗？

不赔偿，可以垫付。醉酒驾驶造成人员受伤的，交强险可以垫付医药费，然后向肇事者进行追偿。

特别注意，这里指的是醉酒驾驶，而不是酒后驾驶，两者区别参见第一章内容。

117　被保险车辆被盗抢期间发生交通事故造成第三方损失，交强险赔偿吗？

不赔偿，可以垫付。若造成人员受伤，保险公司可以垫付医疗费，然后向肇事者进行追偿。

118   被保险人驾车故意撞人、撞车，交强险赔偿吗？

不赔偿，可以垫付。若造成人员受伤，保险公司可以垫付医疗费，然后向肇事者进行追偿。

119   借车给朋友开，行驶过程中朋友路怒症发作，别坏了第三方车辆，交强险赔偿吗？

不赔偿，交强险合同中的被保险人是指投保人及其允许的驾驶人。被保险人故意制造交通事故的属于交强中的先垫付后追偿条款，意思也是不赔偿的。

120   受害人碰瓷造成受害人伤亡的，交强险可以赔偿或垫付吗？

不可以，受害人故意制造交通事故（碰瓷）属于交强险责任免除范围，保险公司不予赔偿（图 2-20）。

遇到交通事故碰瓷时，千万别私了。正确处理方法如下：

1）在没人或车少路段时不下车，及时报警寻找帮助。

2）遵守交通法规，不随意变道、超车，危险路段要加倍小心。

3）谢绝好心人的调停，所谓的"好人"往往是一伙的。

4）如果车辆已投保，主动提出送"伤者"去医院检查，医疗费由保险公司赔偿。

5）尽快通知车辆投保的保险公司，熟记保险合同中的相关条款，保管好相关票据和事发地事故处理部门的证明材料，以便将自己可能承担的交通事故赔偿损失转由保险公司承担，避免或者减少自己的损失。

图 2-20   碰瓷

121 被保险人的车辆撞到自己的财产，交强险赔偿吗？

被保险人的车辆撞到自己的财产（图2-21），交强险不赔偿，被保险人所有的财产及被保险机动车上的财产遭受的损失属于交强险责任免除范围。例如被保险人撞到自己名下的另一辆车，交强险是不赔偿的。

图2-21
被保险人撞到自己的财产

122 被保险人的车辆撞到直系亲属的财产，交强险赔偿吗？

可以赔偿，因为直系亲属的财产并不属于交强险的责任免除范围。例如撞到妻子名下的车，父亲、母亲、兄弟姐妹的财产，交强险都可以赔偿。

123 发生事故时，造成自己的车和车上物品发生损失，交强险赔偿吗？

不赔偿，自己的车辆和车上物品发生损失，交强险不予赔偿，交强险只赔偿第三方受害人的损失。

124 发生事故时，撞到一间正在营业的店铺，造成无法营业的损失，交强险赔偿吗？

不赔偿，车辆撞到正在营业的店铺（图2-22），造成无法营业的损失属于间接损失，间接损失属于交强险的责任免除范围。

图 2-22　车辆撞到正在营业的商铺，造成营业损失

125 发生事故时，撞到一辆出租车，出租车修理期间的营业损失，交强险赔偿吗？

不赔偿，车辆撞到营运车辆，造成的营业损失（图 2-23）属于间接损失，间接损失属于交强险的责任免除范围。

图 2-23　车辆撞到营运车辆，造成营业损失

126 发生事故时，撞倒电线杆，造成停电的损失，交强险赔偿吗？

不赔偿，车辆撞倒电线杆，造成的停电损失（图 2-24）属于间接损失，间接损失属于交强险的责任免除范围，电线杆倒下无法供电属于间接损失，停电造成的损失由致害方负责赔偿。

图 2-24　车辆撞倒电线杆，造成停电损失

127 发生事故时，撞到玛莎拉蒂，造成该车贬值 5 万元，交强险赔偿吗？

不赔偿，贬值（图 2-25）属于交强险的责任免除范围，若需要赔偿，可以直接和肇事者协商或上诉法院判决。

图 2-25　车辆撞到高档车，造成贬值

128 撞到对方车辆造成对方无车使用，对方索赔交通费，交强险赔偿吗？

不赔偿，交通费属于交强险的责任免除范围，若需要赔偿，可以直接和肇事者协商。

第三节　你必须了解交强险赔款是如何计算的

129　车辆撞到第三方财产，交强险赔款怎么计算？

交强险中财产损失有责任赔偿限额为2000元，发生事故造成第三方损失不超过2000元的，按实际损失赔偿，超过限额2000元的，按限额赔偿。例如图2-26中树木需要赔偿3000元，已超过限额2000元，交强险只能赔偿2000元。

图2-26　车辆撞到第三方财产

130　车辆撞伤行人，交强险赔款怎么计算？

交强险中医疗费用有责任赔偿限额为18000元，无责任为1800元。赔偿时首先看交警的责任认定，如果汽车有责任，医疗费不超过限额18000元的，按实际费用赔偿，超过限额18000元的，只能赔偿18000元。例如图2-27中行人需要8000元医疗费，汽车负次要责任，保险公司将赔8000元。

如果汽车无责任，医疗费不超过限额1800元的，按实际费用赔偿，超过限额1800元的，只能赔偿1800元。例如图2-27中行人需要8000元医疗费，汽车无责任，保险公司只能赔1800元。

需要赔偿行人8000元医疗费

图 2-27　车辆撞伤行人

131　车辆撞残、撞死人，交强险赔款怎么计算？

交强险中死亡伤残有责任赔偿限额为 18 万元，无责任为 1.8 万元。赔偿时首先看交警的责任认定，如果汽车有责任，死亡伤残费用不超过限额 18 万元的，按实际费用赔偿，超过限额 18 万元的，只能赔偿 18 万元。例如某一车辆撞死一行人需要赔偿 80 万元死亡费用，已过远远超过了交强险有责任死亡伤残赔偿限额，汽车负次要责任，保险公司只能赔 18 万元。

如果汽车无责任，死亡伤残赔偿费不超过限额 1.8 万元的，按实际费用赔偿，超过限额 1.8 万元的，只能赔偿 1.8 万元。例如上图行人需要 80 万元死亡伤残赔偿费，汽车无责任，保险公司只能赔 1.8 万元。

132　两车相撞，一辆全责、一辆无责，交强险赔款怎么计算？

全责方在财产损失有责任赔偿限额内进行赔偿，无责方在财产损失无责任限额内进行赔偿。图 2-28 中后车造成前方车辆损失 1500 元，没有超过财产损失有责任赔偿限额 2000 元，所以全责方保险公司赔偿 1500 元给前车。

图 2-28 中后方（全责方）车辆损失 5000 元，超过了财产损失无责任赔偿限额 100 元，所以交强险只能按 100 元赔偿给后车，并且根据无责代赔原则，由全责方保险公司进行代赔。

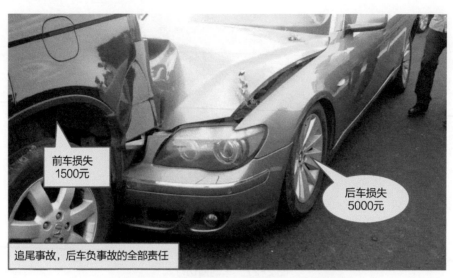

图 2-28　两车相撞，一辆全责、一辆无责

133　两车相撞，两车均有责任，交强险赔款怎么计算？

两车相撞互为第三者，两车都有责任（图 2-29），在财产损失有责任赔偿限额内进行赔偿，你赔偿我，我赔偿你。首先列出需要赔偿的对方损失，然后将实际损失和赔偿限额比对，实际损失小于赔偿限额的，按实际损失赔偿，实际损失大于或等于赔偿限额的，按赔偿限额赔偿。

图 2-29　两车相撞，两车均有责任

凯迪拉克车交强险赔偿如下：

宝马车车损 30000 元 > 财产损失有责任赔偿限额 2000 元，所以赔偿 2000 元。

宝马车交强险赔偿如下：

凯迪拉克车车损 20000 元 > 财产损失有责任赔偿限额 2000 元，所以赔偿 2000 元。

134 两车相撞，一辆全责、一辆无责，还造成两车以外的财产损失，交强险赔款怎么计算？

白色车辆负全部责任，黑色车辆和护栏的损失都由白色负责（图 2-30），交强险赔偿如下：

黑色车损失 60000 元 + 护栏损失 8000 元 =68000 元 >2000 元（财产损失有责任赔偿限额），所以黑色车辆和护栏一起获白色车辆交强险赔偿 2000 元。但这 2000 元不是黑色车辆和护栏对半分，而是按各自的损失比例进行分配，计算如下：

黑色车辆分得：2000 × 60000/（60000+8000）=1765（元）

护栏分得：2000 × 8000/（60000+8000）=235（元）

图 2-30　两车相撞，一车全责、一车无责，涉及车外财产损失

黑色车辆无责任，赔偿如下：

白色车辆车损 50000 元 >100 元（财产损失无责任赔偿限额），黑色车辆交强险赔偿白色车辆 100 元，由白色车辆保险公司代为赔偿。

135 两车相撞，一辆负主要责任，一辆负次要责任，还造成两车以外的人员伤亡和财产损失，交强险赔款怎么计算？

本次事故 A、B 两车均有责任（图 2-31），A 车和 B 车互为第三者，A 车赔偿 B 车车损，B 车赔偿 A 车车损，两车外的第三方路人、路灯的损失要 A、B 两车共同承担，对半分摊赔偿，具体赔偿如下：

1）A 车交强险赔款计算如下：

①财产损失的赔偿：

应由 A 车承担的财产损失 =B 车车损 + 路灯杆损失 /2

$$=30000+4000/2=32000（元）$$

A 车承担的财产损失 32000 元 >2000 元（有责任财产损失赔偿限额）

所以 A 车交强险赔偿 B 车和路灯杆 2000 元损失，按各自的损失比例进行分配：

B 车分得赔款 =2000×30000/（30000+2000）=1875（元）

路灯分得赔款 =2000×2000/（30000+2000）=125（元）

②死亡伤残的赔偿：

应由 A 车承担的路人死亡伤残费用 = 路人死亡伤残费用 /2

$$=60/2=30（万元）$$

图 2-31　两车相撞，一车主责、一车次责，涉及车外人员伤亡和财产损失

A车承担的路人死亡伤残费用30万元>18万元（有责任死亡伤残赔偿限额），所以A车交强险赔偿18万元。

2）B车交强险赔款计算如下：

①财产损失的赔偿：

应由B车承担的财产损失=A车车损+路灯杆损失/2

$$=20000+4000/2=22000（元）$$

B车承担的财产损失22000元>2000元（有责任财产损失赔偿限额）

所以B车交强险赔偿A车和路灯杆2000元损失，按各自的损失比例分配。

A车分得赔款=2000×20000/（20000+2000）=1818（元）

路灯分得赔款=2000×2000/（20000+2000）=182（元）

②死亡伤残的赔偿：

应由B车承担的路人死亡伤残费用=路人死亡伤残费用/2

$$=60/2=30（万元）$$

B车承担的路人死亡伤残费用30万元>18万元（有责任死亡伤残赔偿限额），所以B车交强险赔偿18万元。

③本次事故各受害人得到交强险的赔款为：

A车：1818元

B车：1875元

路人：18万元+18万元=36万元

路灯杆：125+182=307元

136　三车相撞，一辆全责、另外两辆无责，交强险赔款怎么计算？

三车相撞，一辆全责、另外两辆无责（图2-32），全责方负责所有无责方的损失，在交强险有责任限额内进行赔偿，所有无责方按无责任限额分别赔偿给全责方。

图2-32　三车相撞，一车全责、两车无责

1）全责方 A 车交强险赔款的计算：

应由 A 车赔偿的财产损失 =B 车车损 +C 车车损

$$=1000 \text{ 元 } +800 \text{ 元 } =1800 \text{（元）}$$

由 A 车赔偿的财产损失 1800 元＜ 2000 元（有责任财产损失赔偿限额），所以赔偿 1800 元，B 车分得 1000 元，C 车分得 800 元。

2）无责方 B、C 车交强险赔款的计算：

B、C 两车的无责任财产损失赔偿限额一共为 200 元＜ A 车车损 1500 元，赔偿如下：

B 车交强险按无责赔偿 A 车 100 元，由 A 车保险公司代为赔偿；

C 车交强险按无责赔偿 A 车 100 元，由 A 车保险公司代为赔偿。

137 三车相撞，一辆负主要责任，一辆负次要责任，一辆无责任，交强险赔款怎么计算？

三车相撞，一车主责、一车次责、一车无责（图 2-33），有责任的 A 车在有责限额内赔偿 C 车的损失加 B 车一半的损失，有责任的 C 车在有责限额内赔偿 A 车的损失加 B 车一半的损失，B 车在无责限额内赔偿 A、C 两车的损失，具体计算（图 2-34）如下：

图 2-33 三车相撞，一车主责、一车次责、一车无责

A车（主责）交强险赔偿	→	C车（次责）车损-无责方已赔偿金额	+	B车（无责）一半的车损
C车（次责）交强险赔偿	→	A车（主责）车损-无责方已赔偿金额	+	B车（无责）一半的车损
B车（无责）交强险赔偿	→	A车（主责）车损	+	C车（次责）的车损

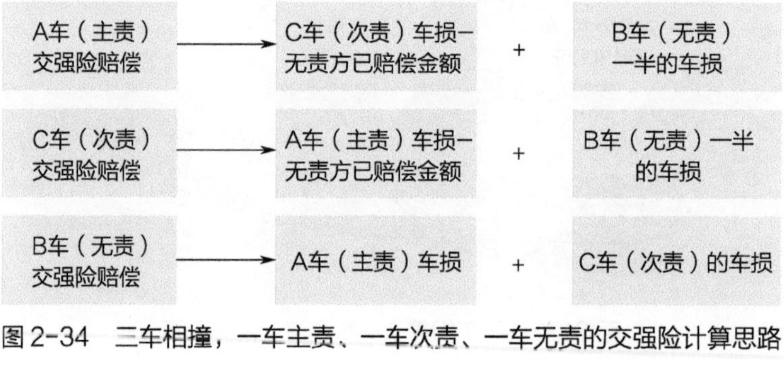

图 2-34 三车相撞，一车主责、一车次责、一车无责的交强险计算思路

1）B 车（无责）交强险赔款的计算：

应由 B 车承担的财产损失 = A 车车损 + C 车车损

= 800+500=1300（元）

由 B 车承担的财产损失 1300 元 >100 元（财产损失无责赔偿限额），两车一共获得 100 元赔偿，A 车分得 50 元，C 车分得 50 元，分别由 A、C 两车的保险公司代为赔偿。

2）A 车（主责）交强险赔款的计算：

应由 A 车承担的财产损失 =（C 车车损 – 无责方 B 车已赔款）+B 车车损 /2

=（800–50）+2500/2=2000（元）

由 A 车承担的财产损失 2000 元 =2000 元（财产损失有责赔偿限额），所以 B、C 两车共获得 A 车交强险赔偿 2000 元。按各自的损失比例进行分配。

3）C 车（次责）交强险赔款的计算：

应由 C 车承担的财产损失 =（A 车车损 – 无责方 B 车已赔款）+B 车车损 /2

=（500–50）+2500/2=1750（元）

由 C 车承担的财产损失 1750 元 <2000 元（财产损失有责赔偿限额），所以 A、B 两车一共获得 C 车交强险赔偿 1750 元。按各自的损失比例进行分配。

138　四车相撞，一辆负主要责任，一辆负次要责任，两辆无责任，交强险赔款怎么计算？

四车相撞，一车主责、一车次责、两车无责（图 2-35），无责任的 C、D 两车一起在财产损失无责任赔偿限额内赔偿 A、B 两车的损失，有责任的 A 车承担 B 车及 C、D 两车总损失一半的损失，在财产损失有责任赔偿限额内赔偿，有责任的 B 车承担 A 车及 C、D 两车总损失一半的损失，在财产损失有责任赔偿限额内赔偿，具体计算（图 2-36）如下：

图 2-35　四车相撞，一车主责、一车次责、两车无责

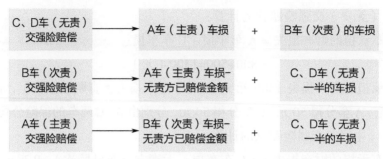

图 2-36 四车相撞，一车主责、一车次责、两车无责的交强险计算思路

1）C、D 无责车交强险赔款的计算：

A 车车损 50000 元 +B 车车损 10000 元 >100 元（C 车财产损失无责限额）+100 元（D 车财产损失无责限额），A、B 两车一共获得 200 元赔偿，A 车分得 100 元，B 车分得 100 元，分别由 A、B 两车的保险公司代为赔偿。

2）A 车交强险赔款的计算：

应由 A 车承担的损失 =（B 车车损 – 无责方 C、D 车已赔款）+（C 车车损 +D 车车损）/2

= （10000–100）+（1000+20000）/2

=20400（元）

由 A 车承担的损失 20400 元 >2000 元（财产损失有责任赔偿限额），所以 A 车交强险一共赔偿 B、C、D 三车 2000 元。按各自的损失比例进行分配。

3）B 车交强险赔款的计算：

应由 B 车承担的损失 =（A 车车损 – 无责方 C、D 车已赔款）+（C 车车损 +D 车车损）

= （50000–100）+（1000+20000）/2

=60400（元）

由 B 车承担的损失 60400 元 >2000 元（财产损失有责任赔偿限额），所以 B 车交强险一共赔偿 A、C、D 三车 2000 元。按各自的损失比例进行分配。

第三章　车辆损失险理赔鲜为人知的事

第一节　车辆损失险能赔什么

139　车辆损失险可以单独投保吗？不投保车辆损失险违法吗？

　　汽车保险分类如图3-1所示，车辆损失险是商业险，自愿投保，没有强制性，可根据个人需求投保。车辆损失险是汽车商业险主险中的一个险种，是可以独立投保的；附加险不能独立投保，必须投保相应的基本险后才能投保，比如想投保车身划痕险必须先投保车辆损失险。

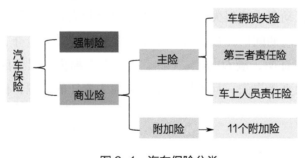

图3-1　汽车保险分类

140　车辆损失险赔偿对象是谁？

　　车辆损失险赔偿对象是车辆的被保险人（图3-2），赔偿的是被保险车辆的损失，和交强险不一样，交强险赔付对象是受害的第三方，赔偿的是第三方的财产损失和人身伤亡。

中国人保车险投保方案

被保险人姓名	李××	车牌号码		桂K××××××
发动机号	5GR C055844			LTVBJ874560004728
车辆类型	A01 - 客车		211 - 家庭自用汽车	
车辆型号	丰田TV7250轿车	初	2006-03-16	
核定载质量	0千克	核定（包括司机）	5人	
新车购置价	250000元	承保年数、出险次数	商业险连续承保年数0年，连续承保期间出险次数0次，交强险0次	
商业险起保日期	2021-12-31	交强险起保日期	2021-12-31	

（车辆损失险的赔偿对象）

险别名称	保额（元）	保费（元）
机动车损失保险	50000.00元	4037.53元
第三者责任险	200万元	664.02元
车上人员责任险（司机）险	10000元	15.28元
车上人员责任险（乘客）险	10000元/座*4	38.73元
机动车增值服务特约条款（道路救援服务）	2次	0.00元
	商业险合计	4755.56元
	交强险	950.00元
	代收车船税	720.00元
驾乘人员补充意外伤害保险	1.法定节假日 驾驶或乘坐非营运汽车意外伤害身故、残疾给付:100000元/人*5人; 2.驾驶或乘坐非营运汽车意外伤害身故、残疾给付:100000元/人*5人; 3.意外医疗费用补偿:12000元/人*5人; 4.意外住院津贴:9000元/人*5人	220.0元
	保费合计（不含车船税）	5925.56元
	保费合计（含车船税）	6645.56元

图 3-2　车辆损失险的赔偿对象

141　车辆损失险能保什么？

保险期间，被保险人或被保险机动车驾驶人在使用车辆过程中，因自然灾害、意外事故造成被保险机动车直接损失，且不属于免除保险人责任范围，保险人依照合同的约定负责赔偿。保险期间内，被保险机动车被盗窃、抢劫、抢夺，经出险地县级以上公安刑侦部门立案证明，满 60 天未查明下落的全车损失，以及因被盗窃、抢劫、抢夺受到损坏造成的直接损失，且不属于免除保险人责任的范围，保险人依照本保险合同的约定负责赔偿。

142　发生事故时车上物品损失，车辆损失险赔偿吗？

发生事故时，车上物品损失，车辆损失险不赔偿（图 3-3），车上的物品不属于车辆损失险赔偿范围，车辆损失险只能赔本车的车辆损失，车上物品不赔。如果是被对方车辆撞坏的，由对方交强险和第三者责任险赔偿。

图 3-3

车上物品不是车辆损失险的
赔付对象

143 开车时玩手机造成交通事故，车辆损失险赔偿吗？

开车时玩手机造成交通事故（图 3-4），车辆损失险可以赔偿，因为开车玩手机并不在车辆损失险责任免除范围内。但大家开车时最好不要玩手机，如图 3-4 所示的事故，车辆的损失可以赔偿，但车内人员的伤亡就无法赔偿了。

图 3-4

开车时看手机造成事故

144 疲劳驾驶造成事故，车辆损失险赔偿吗？

疲劳驾驶造成事故（图 3-5），车辆损失险可以赔偿，因为疲劳驾驶并不在车辆损失险责任免除范围内。但大家开车时最好注意休息，如图 3-5 所示的事故，车辆的损失可以赔偿，但如果车内有人员伤亡就无法赔偿了。

车险有问我来答

图 3-5
疲劳驾驶造成事故

145 车辆遭遇火灾事故，车辆损失险赔偿吗？

车辆遭遇火灾事故（图 3-6），车辆损失险可以赔偿，因为火灾属于车辆损失险保险责任中的意外事故，且不属于免除保险责任的范围。但保险公司会通知被保险人先找致害方索赔，如果致害方不赔偿保险公司才会赔偿。

图 3-6
车辆遭遇火灾事故

146 车辆遭遇爆炸事故，车辆损失险赔偿吗？

爆炸事故造成车辆受损（图 3-7），车辆损失险可以赔偿，因为爆炸事故属于车辆损失险保险责任中的意外事故，且不属于免除保险责任的范围。但保险公司会通知被保险人先找致害方索赔，如果致害方不赔偿保险公司才会赔偿。

图 3-7
爆炸事故造成车辆受损

147 **车辆遭遇外界物体坠落事故，车辆损失险赔偿吗？**

外界物体坠落造成车辆受损（图 3-8），车辆损失险可以赔偿，因为外界物体坠落事故属于车辆损失险保险责任中的意外事故，且不属于免除保险责任的范围。但保险公司会通知被保险人先找致害方索赔，如果致害方不赔偿保险公司才会赔偿。

楼上坠落的木板砸坏了
停放在楼下的轿车

图 3-8
外界物体坠落造成车辆受损

148 **车辆停放忘记拉驻车制动手柄造成事故，车辆损失险赔偿吗？**

车辆停放忘记拉驻车制动手柄（图 3-9），车辆损失险可以赔偿，因为忘记拉驻车制动手柄造成事故属于车辆损失险保险责任中的意外事故，且不属于免除保险责任的范围。如果造成第三方的损失则由交强险和第三者责任险赔偿。

图 3-9　车辆停放忘记拉驻车制动手柄造成事故

149 车辆行驶过程中自燃，车辆损失险赔偿吗？

车辆自燃（图 3-10），车辆损失险可以赔偿，因为车辆自燃事故属于车辆损失险保险责任中的意外事故，且不属于免除保险责任的范围。特别注意，2020 年 9 月 19 日之前的车险条款必须投保有附加自燃损失险才能赔偿。2020 版车险条款将自燃损失并入了车辆损失险的保险责任范围内。

图 3-10　车辆自燃

150 车辆行驶过程中被前方车辆车轮弹起的石子砸坏风窗玻璃，车辆损失险赔偿吗？

飞石砸坏风窗玻璃（图 3-11），车辆损失险可以赔偿，因为石子砸坏风窗玻璃

属于车辆损失险保险责任中的意外事故，且不属于免除保险责任的范围。特别注意，
2020 年 9 月 19 日之前的车险条款必须投保有附加玻璃单独破碎险才能赔偿。2020 版
车险条款将玻璃单独损失并入了车辆损失险的保险责任范围内。

图 3-11　飞石砸坏风窗玻璃

151. 车辆涉水造成发动机连杆弯曲，车辆损失险赔偿吗？

车辆涉水造成发动机进水（图 3-12、图 3-13），车辆损失险可以赔偿，因为发
动机涉水属于车辆损失险保险责任中的意外事故，且不属于免除保险责任的范围。特
别注意，2020 年 9 月 19 日之前的车险条款必须投保了附加发动机涉水损失险才能赔偿。
2020 版车险条款将发动机涉水损失并入了车辆损失险的保险责任范围内。

图 3-12　车辆涉水造成发动机进水

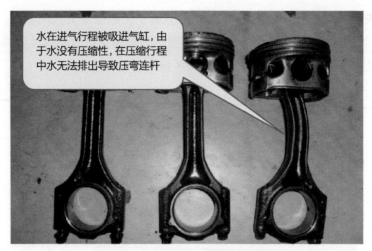

图 3-13   发动机进水造成连杆弯曲

152 车辆全车被盗窃，车辆损失险赔偿吗？

　　车辆被盗窃（图 3-14），车辆损失险可以赔偿，车辆被盗抢属于车辆损失险的保险责任，且不属于免除保险责任的范围。特别注意，2020 年 9 月 19 日之前的车险条款必须投保有全车盗抢险才能赔偿。2020 版车险条款将车辆被盗窃并入了车辆损失险的保险责任范围内。

图 3-14   车辆被盗窃

153 车辆被歹徒抢夺发生事故，造成车辆损失，车辆损失险赔偿吗？

　　车辆被抢夺（图 3-15），车辆损失险可以赔偿，车辆因被抢夺受到损坏造成的直接损失属于车辆损失险的保险责任，且不属于免除保险责任的范围。特别注意，2020 年 9 月 19 日之前的车险条款必须投保有全车盗抢险才能赔偿。2020 版车险条款

图 3-15   车辆被抢夺

将车辆被抢夺并入了车辆损失险的保险责任范围内。

特别注意，歹徒抢夺过程中造成第三方车辆受损，保险公司不负责赔偿。

154 车辆被小偷偷走发生事故，追回后车辆的维修费车辆损失险赔偿吗？

车辆被盗走追回后受损严重（图 3-16），车辆损失险可以赔偿，车辆被盗窃、抢劫、抢夺期间造成的车辆损坏属于车辆损失险的保险责任。特别注意，如果是车辆被盗后造成的第三方损失是不赔偿的。

图 3-16
车辆被盗走追回后受损严重

155 车辆遭遇地震事故，车辆损失险赔偿吗？

地震造成车辆受损严重（图 3-17），车辆损失险可以赔偿，2020 版车险条款将地震归为车辆损失险的保险责任，地震造成的车辆损失从 2020 年 9 月 19 日起就可以赔偿了，这是 2020 版车险条款最大的改革。

图 3-17
地震造成车辆受损严重

156 车辆遭遇地震次生灾害事故，车辆损失险赔偿吗？

地震次生灾害事故造成车辆受损（图3-18），车辆损失险可以赔偿，2020版车险条款将地震和地震产生的次生灾害都归为车辆损失险的保险责任，这对广大车主来说是一个非常大的利好。

图 3-18
地震次生灾害事故造成车辆
受损

157 车辆遭遇雷击事故，车辆损失险赔偿吗？

雷击造成车辆受损（图3-19），车辆损失险可以赔偿，雷击属于车辆损失险保险责任中的自然灾害，且不属于免除保险责任的范围。

自然灾害包括雷击、暴风、暴雨、洪水、龙卷风、冰雹、台风、热带风暴、地陷、崖崩、滑坡、泥石流、雪崩、冰陷、暴雪、冰凌、沙尘暴、地震及其次生灾害。

图 3-19
雷击造成车辆受损

158 车辆被洪水冲走，车辆损失险赔偿吗？

洪水造成车辆被冲走（图3-20），车辆损失险可以赔偿，洪水属于车辆损失险保险责任中的自然灾害，且不属于免除保险责任的范围。

图3-20
洪水造成车辆被冲走

159 车辆遭遇暴雨被淹，车辆损失险赔偿吗？

车辆遭遇暴雨被淹（图3-21），车辆损失险可以赔偿，暴雨属于车辆损失险保险责任中的自然灾害，且不属于免除保险责任的范围。

图3-21
车辆遭遇暴雨被淹

160 车辆遭遇龙卷风事故，车辆损失险赔偿吗？

车辆遭遇龙卷风导致受损（图3-22），车辆损失险可以赔偿，龙卷风属于车辆损失险保险责任中的自然灾害，且不属于免除保险责任的范围。

图 3-22　车辆遭遇龙卷风导致受损

161 车辆被冰雹砸坏，车辆损失险赔偿吗?

车辆被冰雹砸坏（图 3-23），车辆损失险可以赔偿，冰雹属于车辆损失险保险责任中的自然灾害，且不属于免除保险责任的范围。

图 3-23　车辆被冰雹砸坏

162 车辆遭遇泥石流事故，车辆损失险赔偿吗?

车辆被泥石流冲走（图 3-24），车辆损失险可以赔偿，泥石流属于车辆损失险保险责任中的自然灾害，且不属于免除保险责任的范围。

图 3-24　车辆被泥石流冲走

163　车辆遭遇沙尘暴事故，车辆损失险赔偿吗？

车辆被沙尘暴淹埋（图 3-25），车辆损失险可以赔偿，沙尘暴属于车辆损失险保险责任中的自然灾害，且不属于免除保险责任的范围。

图 3-25　车辆被沙尘暴淹埋

164　车辆遭遇地陷事故，车辆损失险赔偿吗？

车辆遭遇地陷事故（图 3-26），车辆损失险可以赔偿，地陷属于车辆损失险保险责任中的自然灾害，且不属于免除保险责任的范围。

图 3-26　车辆遭遇地陷事故

165 车辆遭遇山体滑坡事故，车辆损失险赔偿吗？

车辆遭遇山体滑坡被砸坏（图 3-27），车辆损失险可以赔偿，山体滑坡属于车辆损失险保险责任中的自然灾害，且不属于免除保险责任的范围。

图 3-27　车辆遭遇山体滑坡被砸坏

166 发生事故时，被保险车辆未按规定年检或年检不合格，车辆损失险赔偿吗？

未年检发生交通事故（图 3-28），车辆损失险可以赔偿，2020 版车险条款已将"被保险车辆不年检或年检不合格"从车辆损失险的责任免除范围中删去了。而在 2014 版车险条款中，车辆不年检或年检不合格则属于车辆损失险的责任免除范围。

图 3-28

未年检发生交通事故

167 发生事故后，没有对车辆进行修理，继续使用，造成车辆扩大的损失，车辆损失险赔偿吗？

　　发生事故后，没有对车辆进行修理，继续使用，造成车辆扩大的损失（图 3-29、图 3-30），车辆损失险可以赔偿，2020 版车险条款已将"遭受保险责任范围内的损失后，未经必要修理并检验合格继续使用，致使扩大的部分"从车辆损失险的责任免除范围中删去了；而在 2014 版车险条款中，则属于车辆损失险的责任免除范围。

图 3-29

车辆撞到石头造成发动机油底壳受损

图 3-30

连杆敲烂气缸体

168 更换了发动机、车身或车架中的两项或两项以上，没有进行变更登记，也没有到保险公司办理批改手续，车辆发生损失后车辆损失险赔偿吗？

更换发动机总成（图3-31），车辆损失险可以赔偿，更换了发动机、车身或车架中的两项或两项以上，没有进行变更登记不在车辆损失责任免除范围内。如果更换更大功率的发动机导致发生事故，车辆损失险不赔偿。

轿车更换新的发动机总成

图3-31 更换发动机总成

169 车辆损失险多次出险累计赔到限额，下次出险还可以赔吗？

可以赔偿，车辆损失险多次累计赔款金额达到保险金额，合同不终止，发生事故还可以继续赔偿。

170 车辆损失险一次赔到限额，下次出险还可以赔吗？

一次赔到限额不再赔偿，被保险机动车发生本保险事故，导致全部损失，或一次赔款金额与免赔金额之和（不含施救费）达到保险金额，保险人按本保险合同约定支付赔款后，本保险责任终止，保险人不退还机动车损失保险及其附加险的保险费。

171　什么是绝对免赔额?

在保险人做出赔付之前，被保险人要自担一定的损失金额。例如，若合同中规定绝对免赔额为 2000 元，则损失在 2000 元以下的，保险人不予理赔；若损失超过 2000 元，保险人对超过的部分给予赔偿。如损失 2001 元，则保险公司赔偿 1 元。绝对免赔额应用于每次损失。在投保时最好不要约定绝对免赔额（虽然保费能降不少）。

172　学车时教练不在车上陪同时出险，车辆损失险赔偿吗?

可以赔偿，2020 版车险条款已将"学习驾驶时无合法教练员随车指导"从车辆损失险的责任免除范围中删去了；而在 2014 版车险条款中，则属于车辆损失险的责任免除范围。

173　无上岗资格证驾驶出租车出险，车辆损失险赔偿吗?

可以赔偿，2020 版车险条款已将"驾驶出租机动车或营业性机动车无交通运输管理部门核发的许可证书或其他必备证书"从车辆损失险的责任免除范围中删去了；而在 2014 版车险条款中，则属于车辆损失险的责任免除范围。

174　实习期开营运车、警车出险，车辆损失险赔偿吗?

可以赔偿，2020 版车险条款已将"实习期内驾驶公共汽车、营运客车或者执行任务的警车、载有危险物品的机动车或牵引挂车的机动车"从车辆损失险的责任免除范围中删去了；而在 2014 版车险条款中，则属于车辆损失险的责任免除范围。

175　车辆发生事故，施救费应该算到维修费用中还是单独计算?

发生保险事故时，被保险人为防止或者减少被保险机动车的损失所支付的必要的、合理的施救（图 3-32）费用，由保险人承担；施救费用数额在被保险机动车损失赔偿金额以外另行计算，最高不超过保险金额。

图 3-32   事故车辆的施救

176   车辆损失险的保险金额由保险公司指定吗?

车辆损失险保险金额按投保时被保险机动车的实际价值确定,但并不是按二手车市场评估的价格,保险公司有专门的计算公式,在第一章中已有介绍。

177   为了出险后能获得更多赔款,投保时保险金额可以高于车辆的实际价值吗?

不可以,车辆损失险保险金额不能高于车辆的实际价值。

178   持 B 本驾驶证以上的驾驶人体检不合格,继续驾车造成事故,车辆损失险赔偿吗?

可以赔偿,2020 版车险条款已将"依法应当进行体检的未按期体检或体检不合格"从车辆损失险的责任免除范围中删去了;而在 2012 年之前的商业车险条款中,则属于车辆损失险的责任免除范围。

179   不是被保险人同意的驾驶人开车,发生事故,车辆损失险赔偿吗?

可以赔偿,2020 版车险条款已将"非被保险人允许的驾驶人"从车辆损失险的责任免除范围中删去了;而在 2014 版车险条款中,则属于车辆损失险的责任免除范围。

180 客户投保一辆新车，刚用几个月就发生事故造成整车报废，保险公司是按新车购置价赔偿还是按出险时的车辆实际价值赔偿？

新车整车报废（图3-33），如果是按车辆购置价投保（新车购置价就是保险金额）的车辆损失险，出险时就按新车购置价（保险金额）赔偿，消除了之前"高保低赔"的不合理现象。

图 3-33　车辆整车报废

181 车辆越贵，车辆损失险保费越高吗？

车辆价值是车辆损失险保费的计算基础，车辆价值越高则车辆损失险的基础保费就越高（图3-34）。此外，车辆损失险保费还与车型（零整比）、车辆使用年限、赔款次数有关。

图 3-34　车辆损失险保费与车辆价值有关

第二节　车辆损失险不赔的那些事，你经历过几个

182 事故发生后，故意破坏、伪造现场，车辆损失险赔偿吗？

事故发生后，故意破坏、伪造现场（图3-35），车辆损失险不赔偿，故意破坏、伪造现场属于车辆损失险的责任免除范围。

图3-35
交警验证事故现场

183 事故发生后，毁灭证据，车辆损失险赔偿吗？

事故发生后，毁灭证据，车辆损失险不赔偿，毁灭证据属于车辆损失险的责任免除范围。如图3-36所示的情形，驾驶人还要负刑事责任，奉劝大家交通肇事后一定要保护好现场，积极处理，千万别抱侥幸心理，毁灭证据，逃避责任。

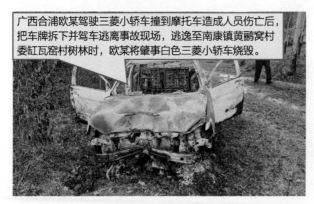

图3-36
烧车毁灭证据

184　发生事故后，驾驶人为逃避赔偿逃逸，车辆损失险赔偿吗？

发生事故后，驾驶人为逃避赔偿逃逸（图3-37），车辆损失险不赔偿，交通肇事逃逸属于车辆损失险的责任免除范围。交通肇事逃逸是指发生道路交通事故后，当事人为逃避法律责任，驾驶或者遗弃车辆逃离道路交通事故现场以及潜逃藏匿的行为。

图3-37
为逃避赔偿责任逃逸

185　发生事故后，驾驶人为抢救伤员离开事故现场，车辆损失险赔偿吗？

可以赔偿，因为这是为抢救伤员而不是为逃避法律责任离开，驾驶人并没有主观故意，而是有特殊情况，所以并不属于交通肇事逃逸，保险公司必须赔偿。

186　为什么酒后驾驶造成事故，交强险能赔，车辆损失险不能赔？

交强险是强制性责任保险，更多的是考虑为交通事故中的第三方受害人提供最基本的保障。车辆损失险属于商业保险，对违法驾驶发生事故造成赔偿要求更严格，在2020版车险条款中已经列明酒后驾驶（图3-38）属于责任免除范围。

图3-38　酒后驾车追尾

187   无证驾驶造成事故，车辆损失险赔偿吗？

无证驾驶造成事故（图3-39），车辆损失险不赔偿，无驾驶证或驾驶证被依法扣留、暂扣、吊销、注销期间属于车辆损失险责任免除范围。

图 3-39

无证驾驶连撞三车

188   驾车时忘记携带驾驶证发生事故，车辆损失险赔偿吗？

驾车时忘带驾驶证发生事故（图3-40），车辆损失险可以赔偿，忘记携带驾驶证发生事故并不属于车辆损失责任免除范围。2022年已在全国全面推行电子驾驶证，申领电子驾驶证后无须再携带纸质驾驶证上路，交警查车时出示电子驾驶证即可。

图 3-40

忘带驾驶证

189   驾驶证被扣满 12 分后，驾车发生事故，车辆损失险赔偿吗？

驾驶证被扣满12分（图3-41）后，发生事故，车辆损失险可以赔偿，驾驶证扣满12分并不说明驾驶证已无效，只要驾驶证没被注销、吊销就是有效的。驾驶证被扣完12分的，必须在收到通知的15日内参加道路交通安全法律、法规和相关知识学习培训，学习培训完后 20 日内参加科目一考试。拒不参加学习，也不参加考试的，公安机关交通管理部门公告其机动车驾驶证停止使用。

图 3-41
驾驶证被扣满 12 分

190 驾驶证因违法被交警暂扣后，继续开车造成事故，车辆损失险赔偿吗？

驾驶证被暂扣（图 3-42）后，继续开车造成事故，车辆损失险不赔偿，驾驶人的驾驶证被暂扣发生事故属于车辆损失险的责任免除范围。

图 3-42
驾驶证被暂扣

191 驾驶证到期未换证，继续开车造成事故，车辆损失险赔偿吗？

驾驶证到期未换证（图 3-43）继续开车造成事故，车辆损失险可以赔偿，驾驶证到期后按规定还有一段时间可以换证，只要驾驶证没被注销就是有效的。《机动车驾驶证申领和使用规定》（公安部令第 162 号）第六十三条规定：机动车驾驶人应当于机动车驾驶证有效期满前九十日内，向机动车驾驶证核发地或者核发地以外的车辆管理所申请换证。超过机动车驾驶证有效期一年以上未换证的，车辆管理所会把驾驶证注销。

图 3-43　驾驶证到期未换证

192 驾驶证被交警吊销、注销后，继续开车造成事故，车辆损失险赔偿吗？

驾驶证被吊销、注销（图 3-44）后，继续开车造成事故，车辆损失险不赔偿，驾驶人的驾驶证被吊销、注销后发生事故属于车辆损失险的责任免除范围。

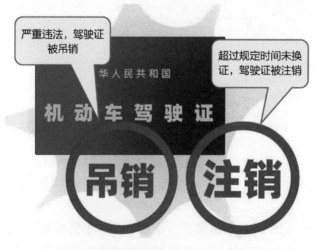

图 3-44　驾驶证被吊销、注销

193 持 B 本驾驶证以上的驾驶人未按期体检，继续驾车造成事故，车辆损失险赔偿吗?

驾驶人未按期体检（图 3–45），继续驾车造成事故的，车辆损失险可以赔偿，2020 版车险条款已将“依法应当进行体检的未按期体检或体检不合格”从车辆损失险的责任免除范围中删去了；而在 2012 年之前的商业车险条款中，则属于车辆损失险的责任免除范围。

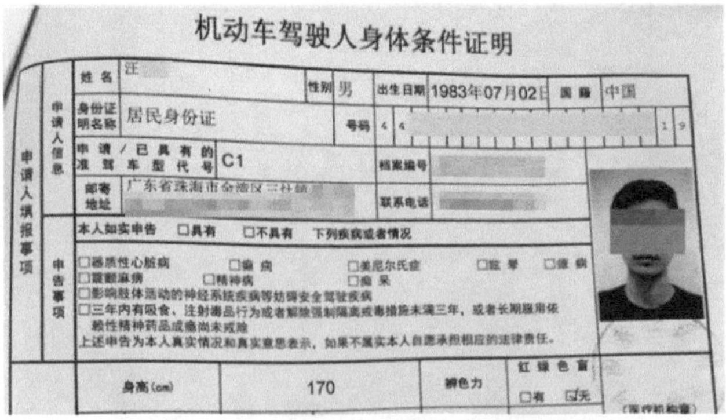

机动车驾驶人身体条件证明

申请人填报事项

申请人信息

姓名 汪

性别 男　出生日期 1983年07月02日　国籍 中国

身份证明名称 居民身份证　号码 4 4 … 1 9

申请／已具有的准驾车型代号 C1　档案编号

邮寄地址 广东省珠海市金湾区三灶镇　联系电话

申告事项

本人如实申告 □具有 □不具有 下列疾病或者情况

□器质性心脏病　□癫痫　□美尼尔氏症　□眩晕　□癔病

□震颤麻痹　□精神病　□痴呆

□影响肢体活动的神经系统疾病等妨碍安全驾驶疾病

□三年内有吸食、注射毒品行为或者解除强制隔离戒毒措施未满三年，或者长期服用依赖性精神药品成瘾尚未戒除

上述申告为本人真实情况和真实意思表示，如果不属实本人自愿承担相应的法律责任。

身高(cm) 170　辨色力　红绿色盲 □有 ☑无

(医疗机构章)

图 3–45　机动车驾驶人身体证明

194 持 E 本驾驶证的驾驶人驾驶轿车上路发生事故，车辆损失险赔偿吗?

驾驶与驾驶证准驾车型不符的车辆（图 3–46）发生事故，车辆损失险不赔偿，驾驶与驾驶证准驾车型不符的车辆发生事故属于车辆损失险责任免除范围。

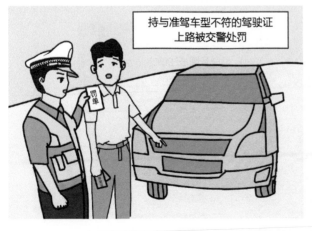

图 3–46

驾驶与驾驶证准驾车型不符的车辆

195 驾驶未上牌的新车发生事故，车辆损失险赔偿吗？

新车未上牌就发生事故（图3-47），车辆损失险可以赔偿，新车未上牌就发生事故并不在车辆损失险的责任免除范围内。但提新车时要特别注意：一是一定要投保后再上路，二是在投保时一定要和保险公司约定保险合同的生效时间，如果是投保后马上开走的，要约定即时生效，如果是第二天才开走的，可以约定零时生效，预防提车后回家的路上发生交通事故时，由于保险合同未生效得不到赔偿。

图3-47　新车未上牌就发生事故

196 驾驶行驶证、号牌被注销的车辆发生事故，车辆损失险赔偿吗？

驾驶号牌被注销的车辆发生事故（图3-48），车辆损失险不赔偿，发生保险事故时被保险车辆行驶证、号牌被注销属于车辆损失险的责任免除范围。

图3-48　驾驶号牌被注销的车辆发生事故

197　因飙车发生事故造成车辆损坏，车辆损失险赔偿吗？

飙车发生事故（图 3-49），车辆损失险不赔偿，被保险车辆在竞赛、测试期间发生事故造成的损失属于车辆损失险责任免除范围。飙车时速度非常快，会造成非常严重的事故，造成的损失也是非常巨大的，不管是车辆损失还是第三方的损失。

图 3-49　飙车发生事故

198　车辆在维修车间维修、保养时，从举升机上掉下来，车辆损失险赔偿吗？

车辆在维修、保养期间发生事故（图 3-50），车辆损失险不赔偿，被保险车辆在营业性场所维修、保养、改装期间发生事故造成的损失属于车辆损失险责任免除范围。

图 3-50　车辆在维修、保养期间发生事故

199 车辆被法院扣押期间发生事故，车辆损失险赔偿吗？

车辆被法院扣押期间发生事故（图3-51），车辆损失险不赔偿，车辆被扣押、收缴、没收期间，属于车辆损失险的责任免除范围。

图3-51
车辆被法院扣押期间发生事故

200 车辆运输易燃易爆品造成事故，车辆损失险赔偿吗？

不赔偿，违反安全装载规定造成事故，属于车辆损失险责任免除范围。

201 车辆由于所载货物超高，过弯时造成侧翻，车辆损失险赔偿吗？

装载货物超高造成车辆侧翻（图3-52），车辆损失险不赔偿，装载货物超高违反了安全装载规定，所造成的事故损失属于车辆损失险的责任免除范围。

图3-52
装载货物超高造成车辆侧翻

202 二手车保险未办理保单批改手续（俗称过户），出险后保险公司能
赔偿车辆损失吗？

是否赔偿要看具体情况，2020版车险条款中，车辆损失险责任免除条款约定：被
保险机动车被转让、改装、加装或改变使用性质等，导致被保险机动车危险程度显著
增加，且未及时通知保险人，因危险程度显著增加而发生保险事故的不赔偿。因此，
如果是因转让导致危险程度增加而造成的事故，则不赔偿。

203 由于"某些事件"被过于偏激的人士砸坏车辆，保险公司能赔偿车
辆损失吗？

不赔偿，因战争、军事冲突、恐怖活动、暴乱造成的车辆损失属于车辆损失险的
责任免除范围。

204 车辆发生事故维修后，造成贬值，保险公司能赔偿车辆的贬值损
失吗？

车辆发生事故维修后造成的贬值（图3-53），车辆损失险不赔偿，修理后因价值
降低引起的减值损失属于车辆损失险责任免除范围。

图 3-53　车辆发生事故维修后贬值

205 车辆投保车辆损失险后，发动机需要大修，保险公司能帮出这笔费用吗？

　　发动机大修（图3-54）的费用，车辆损失险不帮出。车辆的自然磨损不属于车辆损失险的意外事故和自然灾害的保险责任，所以保险公司不负责这部分的维修费用。

图3-54　发动机大修

206 车辆底板糜烂需要钣金修复，保险公司能帮出这笔费用吗？

　　车辆底板糜烂需要钣金修复（图3-55），保险公司不帮出。腐蚀引起的车辆损坏属于车辆损失险责任免除范围。

图3-55　车辆底板糜烂

207 发生事故造成轮胎被单独刮破，保险公司负责更换轮胎的费用吗？

轮胎被刮破（图3-56），保险公司不负责更换轮胎的费用。车轮单独损失属于车辆损失险的责任免除范围，必须投保附加车轮单独损失险才能得到赔偿。

图 3-56　轮胎被刮破

208 轮胎和轮毂一起被撞坏，保险公司负责更换轮胎、轮毂的费用吗？

轮胎和轮毂一起被撞坏（图3-57），保险公司不负责更换轮胎、轮毂的费用。轮胎和轮毂一起损坏不属于车辆损失险的保险责任，如果发生事故时车轮和车身一起损坏，就属于车辆损失险的保险责任。

图 3-57　轮胎和轮毂一起被撞坏

209 新车投保后，加装的套件被撞坏，车辆损失险赔偿吗？

事故造成加装的套件损坏（图3-58），车辆损失险不赔偿，购车后加装的套件属于新增加设备，不属于车辆损失险的保险责任，必须投保附加新增加设备损失险才能得到赔偿。

图 3-58　事故造成加装的套件损坏

210 车身被划伤，车辆损失险赔偿吗？

车身被划伤（图3-59），车辆损失险不赔偿，无明显碰撞痕迹的车身划痕不属于车辆损失险的保险责任，保险公司不赔偿。必须投保附加车身划痕险损失险才能得到赔偿。

图 3-59　车身被划伤

211 车辆 4 个车轮被盗，车辆损失险赔偿吗？

车轮被盗（图 3-60），车辆损失险不赔偿，虽然 2020 版车险条款中已经把全车被盗抢归为车辆损失险的保险责任，但非全车被盗抢、仅部分零部件被盗属于车辆损失险的责任免除范围。

停放时四个车轮被盗

图 3-60
停放时车轮被盗

212 车上物品被盗，车辆损失险赔偿吗？

车上物品被盗（图 3-61），车辆损失险不赔偿，车上物品被盗不属于车辆损失险的保险责任。即使是 2020 年 9 月 19 日之前投保全车盗抢险也不赔偿。

哈哈！
轻松得手！

图 3-61
车上物品被盗

213 车辆修好后，维修人员路试检验故障是否排除时发生事故，车辆损失险赔偿吗？

不赔偿，在营业性维修场所维修、保养期间发生的事故属于车辆损失险责任免除范围。车辆没交付给客户之前都属于车辆维修、保养期间。

214 施救车辆过程中，在吊装、运输期间发生事故造成车辆二次损坏，车辆损失险赔偿吗？

施救造成的车辆二次损坏（图3-62），车辆损失险不赔偿，事故车辆在施救、运输过程中造成的损失不属于车辆损失险的保险责任。

图 3-62 施救造成车辆二次损坏

215 投保了车辆损失险的车辆发生事故时，交警认定本车无责任，车辆损失险能赔偿本车的车辆损失吗？

首先向肇事方索赔，在对方不赔偿或无法赔偿时可以申请保险公司代位追偿，由保险公司先行赔偿车辆损失，把追偿权转让给保险公司，被保险人协助保险公司追偿。

216 私家车转做网约车未告知保险公司，发生事故，车辆损失险赔偿吗？

私家车改做网约车（图3-63）未告知保险公司，发生事故，车辆损失险不赔偿，私家车转做网约车改变了使用性质，属于车辆损失险责任免除范围，非营运车辆改为营运后，风险程度会明显增加。

图 3-63　私家车改做网约车

217. 车辆停放在树荫下，车漆被树脂或鸟粪腐蚀，车辆损失险赔偿吗？

停放在树下的车辆被树脂腐蚀（图 3-64），车辆损失险不赔偿，污染（含放射性污染）造成的损失属于车辆损失险责任免除范围。

图 3-64　停放在树下的车辆被鸟粪腐蚀

218. 出险后保险公司已派人到现场处理，也定损了，说明保险公司肯定能赔了吗？

保险公司对车辆定损只是确定损失（图 3-65），并不代表保险公司一定赔偿。保险人受理报案、现场查勘、核定损失、参与诉讼、进行抗辩、要求被保险人提供证明和资料、向被保险人提供专业建议等行为，均不构成保险人对赔偿责任的承诺。

图 3-65　保险公司对车辆定损只是确定损失

219　王某将车借给朋友张某使用，张某以王某欠款为由，将车辆据为己有并失去联系，王某为该车投保了车辆损失险，保险公司需要赔付王某的车辆损失吗？

　　不赔付，虽然 2020 版车险条款已把全车被盗抢归为车辆损失险的保险责任，但车辆损失险的保险责任明确规定：保险期间内，被保险人或被保险机动车驾驶人在使用被保险机动车过程中，因自然灾害、意外事故造成被保险机动车的直接损失，且不属于免除保险人责任的范围，保险人依照本保险合同的约定负责赔偿。王某借车给张某，张某据为己有并不属于意外事故，也不属于自然灾害。

第四章　第三者责任险的投保与理赔

第一节　第三者责任险能赔什么

220　第三者责任险中"第三者"指的是哪些人？

商业保险合同中的第三者是指因被保险机动车发生意外事故遭受人身伤亡或者财产损失的人，但不包括被保险机动车本车车上人员、被保险人。

221　第三者责任险的赔付对象和交强险的赔付对象一样吗？

两个险种的赔付对象是一样的，都是发生意外事故遭受人身伤亡或者财产损失的人。但交强险的赔付范围更广，被保险人的家庭成员、被保险人允许的驾驶人的家庭成员的损失，交强险可以赔付，第三者责任险是不赔的。

222　第三者责任险能赔的损失和交强险一样吗？

第三者责任险能赔的损失和交强险一样，都是赔偿人身伤亡或者财产损失。但每次事故都是交强险先赔，交强险赔不完的部分才由第三者责任险赔偿，第三者责任险负责赔偿超过交强险各分项赔偿限额的部分（图4-1）。

图 4-1　交强险和第三者责任险赔偿有先后顺序

223 交强险赔偿时只要有责任，不管责任大小赔偿的金额是一样的，第三者责任险的赔偿规则和交强险一样吗？

两者赔偿规则不一样，交强险只按有责任和无责任两类责任进行赔偿，有责任和无责任均要赔偿；第三者责任险属于商业险，实行"有责任才赔偿，无责任免赔"的原则。

保险人依据被保险机动车一方在事故中所负的事故责任比例，承担相应的赔偿责任。被保险人或被保险机动车一方根据有关法律法规选择自行协商或由公安机关交通管理部门处理事故，但未确定事故责任比例的，按照下列规定确定事故责任比例：

被保险机动车一方负主要事故责任的，事故责任比例为 70%；

被保险机动车一方负同等事故责任的，事故责任比例为 50%；

被保险机动车一方负次要事故责任的，事故责任比例为 30%。

涉及司法或仲裁程序的，以法院或仲裁机构最终生效的法律文书为准。

224 出险时交强险过期了，第三方的损失可以全部由第三者责任险赔偿吗？

出险时交强险过期了，第三方的损失不能全部由第三者责任险赔偿（图 4-2）。2020 版车险条款规定：保险事故发生时，被保险机动车未投保交强险或交强险合同已经失效的，对于交强险责任限额以内的损失和费用，保险人不负责赔偿。

图 4-2　交强险过期了，第三者责任险不负责赔偿

225 一个年度内，每次事故都是交强险赔偿，下一年度是不是不需要投保第三者责任险了？

当事故造成的损失没有超过交强险各分项赔偿限额时，都是交强险赔偿。一旦事故造成的损失超过交强险各分项赔偿限额时，就由第三者责任险赔偿。交强险的赔偿限额比较低，例如有责任财产损失赔偿限额才 2000 元，万一对方是一辆高档轿车，修理费用昂贵。因此，投保车险时千万别存在侥幸心理，投保交强险后再投保一定额度的第三者责任险（图 4-3）。

图 4-3
第三者责任险是交强险的有效补充

226 交强险有责任财产最高只能赔 2000 元，第三者责任险也一样吗？

不一样，如果投保了 100 万元限额的第三者责任险，出险时不管是撞到人还是撞到车，最高都能获得不超过 100 万元的赔偿。

227 交强险对人身伤亡的赔偿分为医疗费用和死亡伤残两项，第三者责任险也一样吗？

不一样，第三者责任险对人身伤亡的赔偿是不分项的，对人身伤亡和财产损失都是一视同仁的。

228 交强险三项有责任赔偿限额加起来只能赔 20 万元，第三者责任险也一样吗？

不一样，第三者责任险的赔偿限额范围为 10 万～ 1000 万元，每次事故的责任限额由投保人和保险人在签订保险合同时协商确定。例如，一辆车可以投保 10 万元限额的第三者责任险，也可以投保 500 万元限额第三者责任险，最高可以投保 1000 万元限额。

投保第三者责任险时，应根据自己的风险程度选择不同额度的限额。家用轿车建议选择 200 万元以上限额，营运客车建议选择 500 万元以上限额，大型货车建议选择 1000 万元限额。发生事故时赔偿第三方损失的金额一定要足够。

229 投保交强险还有必要投保第三者责任险吗？

非常有必要，交强险的死亡伤残、受伤医疗、财产损失三项有责任赔偿限额加起来一共只有 20 万元，对于当今社会来说是杯水车薪，万一撞到一辆高档车（图 4-4），可能会让你倾家荡产。

图 4-4
只投保交强险风险很大

230 一次出险赔偿超过了责任限额，第三者责任险还能赔吗？

第三者责任险的限额为每次事故责任限额，在保险期间，赔偿到限额后，保险合同继续有效，直至合同届满。通俗地讲，在保险期内，可以无数次赔偿，但每次赔偿不能超过限额。

231 第三者责任险的保费和车辆价值有关吗？宝马轿车的保费比五菱面包车贵吗？

第三者责任险的保费和车辆价值无关，只和责任限额和赔款次数有关。例如初次投保 300 万元限额第三者责任险，五菱面包车和宝马 730 轿车的保费是一样的。但投保时要和车船税一起购买，五菱面包车车船税比宝马 730 低很多，所以总额宝马 730 比五菱高得多。

232 第三者责任险最低只能投保多少限额，最高不能超过多少？

2020 版车险条款规定，第三者责任险最低只能投保 10 万元限额（取消了 2014 版条款的 5 万元限额），最高 1000 万元。

233 被保险车辆的第三者责任险限额由保险公司指定吗？

不由保险公司指定，由投保人和保险人在签订合同时协商确定，投保人根据风险大小，保险人给予适当建议，最后由投保人确定投保限额。

234 车辆撞伤人后，被保险人可以要求保险公司放弃赔偿吗？

不可以，第三者责任险和交强险一样，赔偿对象是受害的第三方，不是被保险人，必须确保受害人的权益，除非肇事方已经赔偿受害方。

235　受害人遇到有些无赖驾驶人，不主动赔偿也不配合保险公司赔偿，可以不通过被保险人直接向其保险公司请求赔偿吗？

可以，被保险人给第三者造成损害，被保险人对第三者应负的赔偿责任确定的，根据被保险人的请求，保险人应当直接向该第三者赔偿。被保险人怠于请求的，第三者有权就其应获赔偿部分直接向保险人请求赔偿。

被保险人给第三者造成损害，被保险人未向该第三者赔偿的，保险人不得向被保险人赔偿。

236　发生事故时，肇事方负全部责任的第三者责任险赔款怎么计算？

1）当（第三者损失金额－交强险的分项赔偿限额）×100%≥每次事故赔偿限额时：

$$赔款＝每次事故赔偿限额$$

2）当（第三者损失金额－交强险的分项赔偿限额）×100%＜每次事故赔偿限额时：

$$赔款＝（第三者损失金额－交强险的分项赔偿限额）×100\%$$

例如，某一车辆投保有100万元第三者责任险，发生事故造成一路人死亡，交警判肇事车负事故的全部责任，需要赔偿受害人80万元，第三者责任险能赔偿多少？

应当由肇事车承担第三者的损失＝（第三者损失金额－交强险的分项赔偿限额）×100%＝（80－18）×100%=62万元＜100万元（第三者责任限额）

所以赔款为62万元。

如果需要赔偿受害人300万元，赔款计算如下：

应当由肇事车承担第三者的损失＝（第三者损失金额－交强险的分项赔偿限额）×100%＝（300－18）×100%=282万元＞100万元（第三者责任限额）

所以赔款为100万元。

237　发生事故时，肇事方负主要责任的第三者责任险赔款怎么计算？

1）当（第三者损失金额－交强险的分项赔偿限额）×70%≥每次事故赔偿限额时：

$$赔款＝每次事故赔偿限额$$

2）当（第三者损失金额－交强险的分项赔偿限额）×70%＜每次事故赔偿限额时：

$$赔款＝（第三者损失金额－交强险的分项赔偿限额）×70\%$$

例如，一辆五菱宏光投保30万元第三者责任险，发生事故撞到一辆宝马轿车，交警判肇事车负事故的主要责任，宝马车维修费用20万元，五菱宏光第三者责任险赔款为多少？

五菱宏光应承担的第三者损失 =（第三者损失金额 – 交强险的分项赔偿限额）×70%=（200000–2000）×70%=138600（元）

138600元 < 300000元（第三者责任险限额），所以赔偿138600元。

238　发生事故时，肇事方负同等责任的第三者责任险赔款怎么计算？

1）当（第三者损失金额 – 交强险的分项赔偿限额）× 50% ≥ 每次事故赔偿限额时：
　　　　　赔款 = 每次事故赔偿限额

2）当（第三者损失金额 – 交强险的分项赔偿限额）× 50% < 每次事故赔偿限额时：
　　　　　赔款 =（第三者损失金额 – 交强险的分项赔偿限额）× 50%

239　发生事故时，肇事方负次要责任的第三者责任险赔款怎么计算？

1）当（第三者损失金额 – 交强险的分项赔偿限额）× 30% ≥ 每次事故赔偿限额时：
　　　　　赔款 = 每次事故赔偿限额

2）当（第三者损失金额 – 交强险的分项赔偿限额）× 30% < 每次事故赔偿限额时：
　　　　　赔款 =（第三者损失金额 – 交强险的分项赔偿限额）× 30%

240　载货汽车的货物掉落造成后车损失，第三者责任险能赔吗？

前车货物掉落造成事故（图4-5），第三者责任险可以赔偿，车载货物掉落导致损失属于第三者责任险的保险责任。

图4-5
前车货物掉落造成事故

241   半挂车出险，第三者责任险怎么赔？

主车和挂车连接使用时视为一体，发生保险事故时（图4-6），由主车保险人和挂车保险人按照保险单上载明的机动车第三者责任保险责任限额的比例，在各自的责任限额内承担赔偿责任。

图 4-6
半挂车第三者出险

242   货车行驶时，由于所载货物超高与桥洞相撞，货车及桥洞的损失保险公司是否赔付？

货车超高造成事故（4-7）车辆损失险不赔偿，违反安全装载规定属于车辆损失险的责任免除范围；桥洞损失第三者责任险可赔付，桥洞损失属于第三者财产损失，属于第三者责任险的保险责任。

图 4-7
货车超高造成事故

243   试驾过程发生事故，造成的损失，保险公司赔偿吗？

试驾出事故（图4-8），若车辆已投保车辆损失险、交强险、第三者责任险，驾驶人具有合法驾驶证，排除驾驶人存在酒后、吸毒等责任免除情形，则造成的车辆损失由车辆损失险赔偿，第三方损失由交强险和第三者责任险赔偿。

图 4-8　客户试驾出事故

第二节　第三者责任险不赔的那些事，你经历过几个

244 事故发生后，故意破坏现场，第三者责任险赔偿吗？

不赔偿，事故发生后，被保险人或驾驶人故意破坏、伪造现场，毁灭证据属于第三者责任险责任免除范围。

245 事故发生后，弃车逃离现场，第三者责任险赔偿吗？

能不能赔偿看具体情况，如果是为抢救伤员离开现场的，可以赔偿；如果是酒后驾车（图4-9）为逃避法律责任离开现场的，保险公司不赔偿。

图 4-9　酒后肇事逃逸

车险有问我来答

246 吸毒驾车发生事故，交强险能赔，第三者责任险赔偿吗？

不赔偿，毒驾造成事故属于第三者责任险的责任免除范围。

247 酒后驾车发生事故，交强险能赔，第三者责任险赔偿吗？

不赔偿，酒后驾车属于第三者责任险的责任免除范围。

248 无证驾驶发生事故造成第三方受伤，交强险可以垫付医疗费，第三者责任险可以垫付吗？

不可以，无证驾驶属于第三者责任险的责任免除范围，第三者责任险不赔偿，也不会垫付。

249 醉酒驾驶交强险可以垫付医疗费，第三者责任险可以垫付吗？

不可以，醉酒驾驶属于第三者责任险的责任免除范围，第三者责任险不赔偿，也不会垫付。

250 被保险车辆被盗抢期间撞伤人，交强险可以垫付医疗费，第三者责任险可以垫付吗？

不可以，被保险车辆被盗抢期间撞伤人属于第三者责任险的责任免除范围，第三者责任险不赔偿，也不会垫付。

251 被保险人故意制造交通事故，交强险可以垫付医疗费，第三者责任险可以垫付吗？

不可以，被保险人故意制造交通事故属于第三者责任险的责任免除范围，第三者责任险不赔偿，也不会垫付。

252　撞到消火栓，漏出来的水又把别人的财产泡坏了，第三者责任险赔偿吗？

　　不赔偿，被保险机动车发生意外事故，致使任何单位或个人停业、停驶、停电、停水、停气、停产、通信或网络中断、电压变化、数据丢失造成的损失以及其他各种间接损失（图4-10）属于第三者责任险的责任免除范围。

图 4-10
轿车撞到消火栓

253　车辆被抢夺过程中方向失控造成第三方损失，第三者责任险赔偿吗？

　　不赔偿，车辆被抢夺过程中方向失控造成第三方损失属于第三者责任险的责任免除范围。

254　小偷驾驶被保险车辆肇事的，第三者责任险赔偿吗？

　　不赔偿，车辆被盗抢期间肇事造成的损失属于第三者责任险的责任免除范围。

255　被保险车辆撞伤被保险人的父亲后又撞倒父亲的房子，第三者责任险赔偿吗？

　　被保险人父亲受伤保险公司可以赔付，因为第三者责任险条款中仅约定了"被保险人、被保险人允许的驾驶人、本车车上人员的人身伤亡"为责任免除；被保险人父亲房子的损失保险公司不赔付，因为第三者责任险条款中约定了"被保险人及其家庭成员所有财产的损失"属于责任免除范围。

256　丈夫名下的车撞到妻子名下的车，第三者责任险赔偿吗？

交强险可以赔偿，第三者责任险不赔偿，因为第三者责任险条款中约定了"被保险人及其家庭成员所有财产的损失"属于责任免除范围。

257　被保险车辆撞到被保险人兄弟姐妹的财产，第三者责任险赔偿吗？

具体情况具体分析，按第三者责任险合同约定"被保险人及其家庭成员所有、承租、使用、管理、运输或代管的财产的损失，以及本车上财产的损失"属于第三者责任险的责任免除范围。

2020版车险条款中第三者责任险的"家庭成员"包括"配偶、父母、子女和其他共同生活的近亲属"，如果兄弟姐妹不是和被保险人共同生活，则可以赔偿，如果共同生活则不能赔偿。

258　借车给朋友开，朋友撞到他自家的房子，第三者责任险赔偿吗？

不赔偿，被保险人允许的驾驶人及其家庭成员所有、承租、使用、管理、运输或代管的财产的损失，以及本车上财产的损失属于第三者责任险的责任免除范围。

这里的朋友是被保险人允许的驾驶人，属于第三者责任险的责任免除范围，所以第三者责任险不赔偿。

259　借车给别人开，借车的人撞到被保险人的财产，第三者责任险赔偿吗？

不赔偿，被保险人所有、承租、使用、管理、运输或代管的财产的损失，以及本车上财产的损失属于第三者责任险的责任免除范围。

260　被保险人被自己的车压伤了，第三者责任险赔偿吗？

不赔偿，被保险人、被保险人允许的驾驶人、本车车上人员的人身伤亡（图4-11）属于第三者责任险的责任免除范围，但交强险可以赔偿。

图 4-11

被保险人被自己的车压伤

261 丈夫指挥妻子倒车，妻子把丈夫撞死了，第三者责任险赔偿吗？

具体情况具体分析，妻子倒车撞死丈夫（图 4-12），要看被保险人是谁，如果被保险人是丈夫，则第三者责任险不赔偿，因为"被保险人的人身伤亡"属于第三者责任险的责任免除范围，如果妻子是被保险人则可以赔偿。

图 4-12

妻子倒车撞死丈夫

262 借车给别人开，借车的人被所借的车撞到，第三者责任险赔偿吗？

不赔偿，被保险人允许的驾驶人的人身伤亡属于第三者责任险的责任免除范围。

263 受害人受伤住院，是不是所有费用第三者责任险都可以赔偿？

不一定，超出《道路交通事故受伤人员临床诊疗指南》和国家基本医疗保险标准的医疗费用标准的费用部分第三者责任险不赔偿。

264　打官司的律师费，第三者责任险赔偿吗？

不赔偿，律师费属于第三者责任险的责任免除范围。

265　诉讼费、仲裁费，第三者责任险赔偿吗？

需要保险人事先书面同意，未经保险人书面同意的诉讼费、仲裁费属于第三者损失险的责任免除范围。

266　车辆撞人造成对方残疾，对方索赔精神损失费，第三者责任险赔偿吗？

交强险在死亡伤残项下可以赔偿精神损害抚慰金，第三者责任险不赔偿，因为精神损害抚慰金属于第三者责任险的责任免除范围。

267　未投保交强险，应由交强险赔偿的费用可以由第三者责任险赔偿吗？

不赔偿，保险事故发生时，被保险机动车未投保机动车交通事故责任强制保险或机动车交通事故责任强制保险合同已经失效的，对于机动车交通事故责任强制保险责任限额以内的损失和费用，保险人不负责赔偿。

268　保险公司一次性赔偿结案后，还能追加赔偿吗？

不能再追加赔偿，被保险人和受害人一次性赔偿结案后协商追加的费用，保险公司不再负责赔偿。

269　车辆维修时，车辆从举升机上掉下来砸到维修人员，第三者责任险赔偿吗？

不赔偿，车辆在营业性场所维修、保养、改装期间发生的事故属于第三者责任险的责任免除范围。图 4-13 所示的正在维护的劳斯莱斯从举升机上掉下来砸死维修人员的情况，保险公司不赔偿维修人员的人身伤亡，也不赔偿车辆的损失。

图 4-13　正在维护的劳斯莱斯从举升机上掉下来砸死维修人员

270　第三者责任险和交强险有什么区别？

1）险种性质不一样，交强险是强制险，机动车不投保交强险是违法的；第三者责任险是商业险，由投保人选择是否投保。

2）保险责任不一样，交强险有责任赔偿，无责任也赔偿；第三者责任险有责才赔，无责免赔。

3）责任限额不一样，交强险全国统一赔偿限额，并且是固定的金额；第三者责任险的赔偿限额范围为 10 万~1000 万元，由投保人和保险人协商确定。

4）赔偿范围不一样，交强险几乎包括了所有交通事故，范围更广；第三者责任险有较多的责任免除条款。

第五章 车上人员责任险的投保与理赔必须知道的那些事

第一节 车上人员责任险能赔什么

271 车上人员责任险赔付对象是谁？

车上人员责任险赔付对象为发生事故时在车上的人员，包括正在上下车的人员。

272 车上人员责任险能单独投保吗？

车上人员责任险是机动车商业保险三个主险之一，可以单独投保。

273 车上人员责任险应该由谁买？不投保车上人员责任险违法吗？

车上人员责任险由车辆的所有人或管理者投保，车上人员责任险属于商业险，不是法定保险，自愿投保。

274 车上人员责任险是每个座位单独投保吗？限额由保险公司指定吗？

车上人员责任险又称座位险，驾驶人和乘客分开投保，限额由投保人和保险人协商确定，常见车上人员责任险限额都不高，一般都是几万元，最好加保驾乘人员意外险，这样才能有足够的保障。

275 正在上公交车的乘客，由于驾驶人没发现就开车造成被车门夹伤，车上人员责任险赔偿吗?

可以赔偿，车上人员责任险赔付对象包括正在上下车的人员，图 5-1 所示乘客属于此范围，所以保险公司需要赔付。

图 5-1　乘客被公交车夹头

276 一辆客车过弯时，车门自动打开把车上乘客甩出去受伤，车上人员责任险赔偿吗?

可以赔偿，图 5-2 所示车上人员被甩出去受伤属于车上人员责任险的保险责任。

图 5-2　车上乘客被甩出车外

277 车上人员在发生事故被甩出去后，被自己乘坐的车辗死，是第三者责任险赔偿还是车上人员责任险赔偿？

保险公司认为发生事故导致车上人员被甩出车外是一个连续过程，属于车上人员责任险的保险责任。

案件上诉到法院，法院判由交强险和第三者责任险赔偿，受害者发生事故时在车上，但最后却死在车外，是被车辆辗压致死，已由车上人员的身份转化为第三者的身份，应该由第三者责任险进行赔偿。

278 A、B 两车相撞，B 车上的受伤人员保险公司应如何赔偿？

B 车相对 A 车是受害的第三方。如果双方车辆都有责任，B 车一部分损失由 A 车的交强险、第三者责任险赔偿，一部分损失由 B 车的车上人员责任险赔偿。

279 一次赔到限额后，下次出险车上人员责任险还赔偿吗？

可以赔偿，车上人员责任险的限额和交强险、第三者责任险的限额一样，都是每次事故责任限额，某次事故赔偿到限额后合同继续有效，直到合同届满。

280 累计赔到限额后，车上人员责任险还赔偿吗？

可以赔偿，车上人员责任险的赔偿是不累加的，每次事故只要肇事方应承担的事故损失没有超过限额，在保险期间都能赔偿。

281 违法搭乘人员的人身伤害，车上人员责任险赔偿吗？

可以赔偿，2020 版条款已把"违法、违章搭乘人员的人身伤亡"从责任免除条款中删除。出险时按核载人数赔偿，超出部分不赔偿。如图 5-3 所示，如果出险造成 15 人受伤，只能按核载人数 8 人进行赔偿。

图 5-3　严重超员的车辆

282　车上人员责任险和人身意外险有什么区别，能同时赔付吗？

车上人员责任险是固定车的，跟车走，不管谁坐车，只要符合赔偿条件都可以赔偿；人身意外险是固定人的，跟人走，投保人身意外险的人不管在哪出险都可以赔偿。车上人员责任险限额一般比较低，人身意外险限额一般比较高。

第二节　车上人员责任险不赔的那些事

283　被保险车辆被抢劫、抢夺过程中造成的人身伤害，车上人员责任险可以赔偿吗？

不赔偿，全车被盗窃、被抢劫、被抢夺、下落不明期间造成的人身伤害属于车上人员责任险的责任免除范围。

284　小偷开车翻车受伤，车上人员责任险可以赔偿吗？

不赔偿，全车被盗窃、被抢劫、被抢夺、下落不明期间发生的事故属于车上人员责任险的责任免除范围。

285   私家车转做网约车，发生事故造成车上乘客伤亡，车上人员责任险可以赔偿吗？

不赔偿，私家车转做网约车改变了使用性质、增加了风险，属于车上人员责任险的责任免除范围。

286   同事偷开你的车出去发生事故受伤，车上人员责任险可以赔偿吗？

不赔偿，非被保险人允许的驾驶人发生事故属于车上人员责任险的责任免除范围。

287   无证、酒后、吸毒驾车发生事故受伤，车上人员责任险可以赔偿吗？

不赔偿，无证、酒后、吸毒驾车发生事故属于车上人员责任险的责任免除范围。

288   被保险人或驾驶人故意撞车造成车上人员伤亡，车上人员责任险可以赔偿吗？

不赔偿，被保险人或驾驶人故意撞车造成车上人员伤亡属于车上人员责任险的责任免除范围。

289   车上人员斗殴造成伤亡，车上人员责任险可以赔偿吗？

不赔偿，车上人员斗殴造成伤亡属于车上人员责任险的责任免除范围。

290   车上人员自残、自杀造成伤亡，车上人员责任险可以赔偿吗？

不赔偿，车上人员自残、自杀造成伤亡属于车上人员责任险的责任免除范围。

291 车上人员因犯罪行为造成的车上人员伤亡，车上人员责任险可以赔偿吗？

不赔偿，车上人员因犯罪行为造成的车上人员伤亡属于车上人员责任险的责任免除范围。

292 事故造成车上人员伤残，伤残人员索赔精神损失费，车上人员责任险可以赔偿吗？

不赔偿，精神损害抚慰金属于车上人员责任险的责任免除范围。

293 车辆投保车上人员责任险，发生交通事故造成车上人员受伤，交警判定被保险车辆负事故的主要责任，被保险人可以向承保的保险公司申请赔偿受伤人员的全部损失吗？

不能，车上人员责任险按责赔付。

如果车辆负主要事故责任，则应赔付受害者的赔款 = 受害者的人身伤亡损失金额 − 对方车辆交强险有责任赔款（对方是机动车才有交强险赔款）×70%。

如果车辆负同等事故责任，则应赔付受害者的赔款 = 受害者的人身伤亡损失金额 − 对方车辆交强险有责任赔款（对方是机动车才有交强险赔款）×50%。

如果车辆负次要事故责任，则应赔付受害者的赔款 = 受害者的人身伤亡损失金额 − 对方车辆交强险有责任赔款（对方是机动车才有交强险赔款）×30%。

第六章　附加险的投保与理赔的那些事

294　汽车保险中的附加险可以单独投保吗?

不可以,投保附加险必须先投保相应的主险。例如想投保车轮单独损失险、新增加设备损失险、车身划痕损失险必须先投保车辆损失险,投保车上货物责任险、法定节假日限额翻倍险、精神损害抚慰金责任险、医保外医疗费用责任险必须先投保第三者责任险。

295　汽车保险中的附加险有哪些险种?

绝对免赔率特约条款、车轮单独损失险、新增加设备损失险、车身划痕损失险、修理期间费用补偿险、发动机进水损坏除外特约条款、车上货物责任险、精神损害抚慰金责任险、法定节假日限额翻倍险、医保外医疗费用责任险、机动车增值服务特约条款 11 个附加险。

296　2020 版车险条款商业险已取消免赔率,为什么还有附加绝对免赔率特约险?

绝对免赔率特约险是一个降费的险种,投保了本附加险后赔偿时会根据被保险车辆在事故中的责任比例减少相应的赔款,相当于投保时保费减少了,出险时赔款也减少了。

绝对免赔率为 5%(次要责任)、10%(同等责任)、15%(主要责任)、20%(全部责任），由投保人和保险人在投保时协商确定，具体以保险单载明为准。

绝对免赔率特约险和 2014 版车险条款的不计免赔特约险的作用是相反的，不计免赔特约险是赔偿免赔率的，绝对免赔率特约险是恢复免赔率的。

297　投保了绝对免赔率特约险后，赔款是如何计算的？

被保险机动车发生主险约定的保险事故，保险人按照主险的约定计算赔款后，扣减本特约条款约定的免赔。即：

主险实际赔款 = 按主险约定计算的赔款 ×（1– 绝对免赔率）

例如，某一车辆翻入山沟，车辆修理费 10000 元，车辆损失险可以赔偿 10000 元，如果附加了绝对免赔率特约险，赔款为：

实际赔款 = 按主险约定计算的赔款 ×（1– 绝对免赔率）

=10000 ×（1–20%）=8000（元）

298　什么是附加车轮单独损失险？

保险期间内，被保险人或被保险机动车驾驶人在使用被保险机动车过程中，因自然灾害、意外事故，导致被保险机动车未发生其他部位的损失，仅有车轮（含轮胎、轮毂、轮毂罩）单独的直接损失，且不属于免除保险人责任的范围，保险人依照本附加险合同的约定负责赔偿。

299　车轮行驶过程中撞击台阶造成轮胎起包，附加车轮单独损失险能赔吗？

可以赔偿，事故造成车轮损坏，属于车轮单独损失险保险责任，且不属于责任免除范围。

300　车辆转弯速度过大，擦伤了轮毂，附加车轮单独损失险能赔吗？

赔偿，事故造成轮毂损坏，属于车轮单独损失险保险责任，且不属于责任免除范围。

301　车辆被小偷偷走发生事故，造成轮胎起包，附加车轮单独损失险能赔吗？

不赔偿，车辆被盗期间的造成的轮胎损坏属于车轮单独损失险的责任免除范围。

302　车辆被歹徒抢夺过程中发生事故，造成轮胎单独损坏，附加车轮单独损失险能赔吗？

不赔偿，车辆被歹徒抢夺过程中的轮胎损坏属于车轮单独损失险的责任免除范围。

303　车辆侧面撞击，造成轮胎、轮毂、悬架一起损坏，没有投保附加车轮单独损失险，保险公司能赔吗？

可以赔偿，但必须已投保车辆损失险。轮胎、轮毂、悬架一起损坏属于车辆损失险的保险责任，由车辆损失险赔偿。

304　车辆被小偷偷了一个车轮，附加车轮单独损失险能赔吗？

不赔偿，车轮单独被盗属于车轮单独损失险责任免除范围，即使是 4 个车轮一起被盗，保险公司也不会赔偿。

305　轮毂被腐蚀，附加车轮单独损失险能赔吗？

不赔偿，轮毂被腐蚀（图 6-1）属于车轮单独损失险责任免除范围。

图 6-1
轮毂被腐蚀

306　附加车轮单独损失险的保险金额由保险公司指定吗？

保险金额由投保人和保险人协商确定，不由保险公司指定。

307　只投保了第三者责任险的车辆可以投保车轮单独损失险吗？

不可以，车轮单独损失险相应的主险是机动车损失保险。

308　一次或累计赔偿到保险金额，车轮单独损失险还能赔吗？

不能，在保险期间内，累计赔款金额达到保险金额，车轮单独损失险保险责任终止。

309　什么是新增加设备损失险？

新增加设备是指投保新车时车上没有的装备，是购车后加装的。

310　投保新车时玻璃贴膜，属于车辆新增加设备吗？

属于车辆新增加设备，玻璃贴膜（图6-2）原车没有，是购车后才贴的。

图6-2
新车玻璃贴膜

311　车辆进行改装，加装了尾翼、大包围，属于车辆新增加设备吗？

属于车辆新增加设备，尾翼、大包围属于购车后加装的。发生事故时如果想得到保险公司赔偿必须投保新增加设备损失险才行。

312 车辆新增加设备损失险保险金额怎么算？

保险金额根据新增加设备投保时的实际价值确定。新增加设备的实际价值是指新增加设备的购置价减去折旧金额后的金额，投保时须列明新增加设备的清单。

313 投保了新增加设备损失险后加装的设备，新增加设备损失险能赔偿吗？

保险期间内，投保了本附加险的被保险机动车因发生机动车损失保险责任范围内的事故，造成车上新增加设备的直接损毁，保险人在保险单载明的本附加险的保险金额内，按照实际损失计算赔偿。

314 投保了哪种主险才能投保新增加设备损失险？

投保了机动车损失保险的机动车，可投保新增加设备损失险。

315 什么是车身划痕损失险？

无明显碰撞痕迹的车身划痕损失才属于车身划痕损失险的保险责任。

316 有碰撞痕迹的车身划痕，车身划痕损失险能赔吗？

不赔偿，有碰撞痕迹的车身划痕属于车辆损失险的保险责任，由车辆损失险赔偿。

317 由于妻子对丈夫不满，故意划伤丈夫的宝马轿车，车身划痕损失险能赔吗？

不赔偿，被保险人及其家庭成员、驾驶人及其家庭成员的故意行为造成的损失属于车身划痕损失险的责任免除范围。

318 由于生意欠钱，车辆被债主喷字，车身划痕损失险能赔吗？

不赔偿，因投保人、被保险人与他人的民事、经济纠纷导致的任何损失（图6-3）属于车身划痕损失险的责任免除范围。

图6-3 欠债被喷字

319 车漆老化了，车主想重新喷漆，车身划痕损失险能赔吗？

不赔偿，车身表面自然老化（图6-4）、损坏，腐蚀造成的任何损失属于车身划痕损失险的责任免除范围。

图6-4 车漆老化

320 某公司新买一辆劳斯莱斯轿车，给一个车门喷漆要3万元，可以投保保险金额为100万元的车身划痕损失险吗？

不可以，车身划痕损失险只有2000元、5000元、10000元或20000元四种保险金额，由投保人和保险人在投保时协商确定。

321 一次或累计赔偿到保险金额，车身划痕损失险还能赔吗？

不能，在保险期间内，累计赔款金额达到保险金额，车身划痕损失险保险责任终止。需要下一年度才能投保。

322 什么是修理期间费用补偿险？

保险期间内，投保了修理期间费用补偿险的机动车在使用过程中，发生机动车损失保险责任范围内的事故，造成车身损毁，致使被保险机动车停驶，保险人按保险合同约定，在保险金额内在向被保险人补偿修理期间费用，作为代步车费用或弥补停驶损失。

323 投保了哪种主险，才可以投保修理期间费用补偿险？

投保了机动车损失保险的机动车，可投保修理期间费用补偿险。

324 酒后驾车发生事故，车辆修理期间，修理期间费用补偿险能赔偿吗？

不赔偿，因为酒后驾车不属于修理期间费用补偿险的保险责任，所以即使投保了修理期间费用补偿险保险公司也不赔。

325 发生事故后，经非保险公司指定的修理厂修理，因修理质量不合格造成返修，修理期间费用补偿险能赔偿吗？

不赔偿，非在保险人指定的修理厂修理时，因车辆修理质量不合要求造成返修属于修理期间费用补偿险的责任免除范围。

326 被保险人或驾驶人拖延送修期间，修理期间费用补偿险能赔偿吗？

不赔偿，被保险人或驾驶人拖延送修期间属于修理期间费用补偿险的责任免除范围。

327 　修理期间费用补偿险保险金额是怎么定的?

　　修理期间费用补偿险金额＝补偿天数 × 日补偿金额。补偿天数及日补偿金额由投保人与保险人协商确定并在保险合同中载明,保险期间内约定的补偿天数最高不超过 90 天。

328 　修理期间费用补偿险每天赔偿的费用是想赔多少就赔多少吗?

　　不是,每天补偿的费用由投保时约定的日补偿额确定。例如投保时约定日补偿金额为 300 元,事故车辆修理了 5 天,赔偿额为 1500 元。

329 　修理期间费用补偿险赔偿的天数是怎么定的?

　　补偿天数由投保人和保险人协商确定并在保险合同内载明,保险期间内约定的补偿天数最高不超过 90 天。

330 　一次或累计赔到保险金额,修理期间费用补偿险还能赔吗?

　　不能,保险期间内,累计赔款金额达到保险单载明的保险金额,修理期间费用补偿险保险责任终止。

331 　什么是发动机进水损坏除外特约条款?

　　保险期间内,投保了发动机进水损坏除外特约条款的被保险机动车在使用过程中,因发动机进水后导致的发动机的直接损毁,保险人不负责赔偿。

332 　投保了哪种主险,可以投保发动机进水损坏除外特约条款?

　　投保了机动车损失保险的机动车,可投保发动机进水损坏除外特约条款。

333　投保了发动机进水损坏除外特约险，车辆涉水造成发动机损坏，保险公司可以赔偿吗？

不赔偿，发动机进水损坏除外特约险和绝对免赔率特约险性质是一样的，是一个降费的险种。不投保发动机进水损坏除外特约险，车辆涉水造成的发动机损坏由车辆损失险赔偿，投保了该附加险反而不赔。

2014年车险条款车辆损失险中，发动机进水后导致的发动机损坏属于责任免除范围，所以有附加发动机涉水损失险来赔偿这部分损失。

2020年车险条款已将"发动机进水后导致的发动机损坏"从车辆损失险的责任免除范围中删去了，涉水造成的发动机损失由车辆损失险来赔偿。若投保了发动机进水损坏除外特约险，则车辆损失险不赔偿。

334　什么是车上货物责任险？

保险期间内，发生意外事故致使被保险机动车所载货物遭受直接损毁，依法应由被保险人承担的损害赔偿责任，保险人负责赔偿。

335　投保了哪种主险，才可以投保车上货物责任险？

投保了机动车第三者责任保险的营业货车（含挂车），可投保车上货物责任险。

336　货车所拉的货物路上被盗，该货车已投保车上货物责任险，保险公司可以赔偿吗？

不赔偿，偷盗造成的货物损失属于车上货物责任险的责任免除范围。

337　货车由于事故翻车，货物被附近村民哄抢，货车已投保车上货物责任险，保险公司可以赔偿吗？

不赔偿，哄抢造成的货物损失属于车上货物责任险的责任免除范围，需要赔偿只能报案，由公安机关进行处理。

338 某一货车运载一车猪，路上逃跑了几头，货车已投保车上货物责任险，保险公司可以赔偿吗？

不赔偿，动物走失、飞失造成的货物损失属于车上货物责任险的责任免除范围。

339 货车运输的货物自燃造成损失，货车已投保车上货物责任险，保险公司可以赔偿吗？

不赔偿，货物自身起火燃烧或爆炸造成的货物损失属于车上货物责任险的责任免除范围。

340 由于超载发生事故，造成运载货物损失，货车已投保车上货物责任险，保险公司可以赔偿吗？

不赔偿，违法、违章载运造成的货物损失属于车上货物责任险的责任免除范围。

341 货车由于没有用遮盖好货物，造成雨淋损坏，货车已投保车上货物责任险，保险公司可以赔偿吗？

不赔偿，因包装、紧固不善，装载、遮盖不当导致的任何损失属于车上货物责任险的责任免除范围。

342 车辆发生事故造成驾驶人受朋友委托所带的物品损坏，货车已投保车上货物责任险，保险公司可以赔偿吗？

不赔偿，车上人员携带的私人物品的损失属于车上货物责任险的责任免除范围。

343 由于路上堵车造成未能按时交货造成的损失，货车已投保车上货物责任险，保险公司可以赔偿吗？

不赔偿，保险事故导致的货物减值、运输延迟、营业损失及其他各种间接损失属于车上货物责任险的责任免除范围。

344   车上货物责任险应该怎么买?

责任限额由投保人和保险人在投保时协商确定。在投保时要根据平时所运输的货物价值确定投保限额,如果平时运输 500 万元货值的货物,那么车上货物责任险的投保限额就是 500 万元。

345   车上货物责任险被保险人索赔时,应提供什么手续?

被保险人索赔时,应提供运单、起运地货物价格证明等相关单据。保险人在责任限额内按起运地价格计算赔偿。

346   什么是精神损害抚慰金责任险?

保险期间内,被保险人或其允许的驾驶人在使用被保险机动车的过程中,发生投保的主险约定的保险责任内的事故,造成第三者或车上人员的人身伤亡,受害人据此提出精神损害赔偿请求,保险人依据法院判决及保险合同约定,对应由被保险人或被保险机动车驾驶人支付的精神损害抚慰金,在扣除机动车交通事故责任强制保险应当支付的赔款后,在精神损害抚慰金责任险赔偿限额内负责赔偿。

347   投保了哪种主险,可以投保精神损害抚慰金责任险?

只有在投保了机动车第三者责任保险或机动车车上人员责任保险的基础上方可投保精神损害抚慰金责任险。

在投保人仅投保机动车第三者责任保险的基础上投保该附加险时,保险人只负责赔偿第三者的精神损害抚慰金;在投保人仅投保机动车车上人员责任保险的基础上投保该附加险时,保险人只负责赔偿车上人员的精神损害抚慰金。

348   车辆行驶过程中鸣喇叭把行人惊吓了,车辆已投保精神损害抚慰金责任险,保险公司能赔行人要求的精神损失费吗?

不能赔偿,未发生交通事故,仅因第三者或本车人员的惊恐而引起的损害属于精神损害抚慰金责任险的责任免除范围。

349 车辆发生交通事故造成怀孕妇女流产，受害人索赔精神损失费，车辆已投保精神损害抚慰金责任险，保险公司能赔行人要求的精神损失费吗？

怀孕妇女的流产发生在交通事故发生之日起 30 天以外的不赔偿，30 天以内可以赔偿。怀孕妇女的流产发生在交通事故发生之日起 30 天以外的属于责任免除范围。

350 精神损失费是受害人要求赔偿多少就能赔偿多少吗？

精神损害抚慰金赔偿金额依据生效法律文书或当事人达成且经保险人认可的赔付协议，在保险单所载明的赔偿限额内计算赔偿。一般情况下，当事双方很难达成保险公司认可的赔付协议，这就需要上诉到法院由法院判决。

351 宠物狗被机动车撞死，可以赔偿狗主人精神损失费吗？

李大妈养有一条宠物狗，平时视为自己儿女，一天晨练时被过往的机动车撞死，李大妈悲痛欲绝，除要求肇事驾驶人赔偿 1000 元外，还要求肇事驾驶人赔偿其精神损失费 5000 元，如果肇事车辆已投保第三者责任险，并附加了精神损害抚慰金责任险，对于李大妈要求的精神抚慰金，保险公司可以赔付吗（图 6-5）？

不赔付，只有造成第三者或车上人员的人身伤亡，受害人据此提出精神损害赔偿请求，保险公司依据法院判决及保险合同约定进行赔付，因此本次事故对于小动物的死伤，不赔偿精神抚慰金。

图 6-5　动物不能作为人身伤亡索赔精神损失费

352　精神损害抚慰金责任险保险金额是怎么定的?

精神损害抚慰金责任险每次事故赔偿限额由保险人和投保人在投保时协商确定。可以投保 50 万元, 也可以投保 100 万元。

353　什么是法定节假日限额翻倍险?

保险期间内, 被保险人或其允许的驾驶人在法定节假日期间使用被保险机动车发生机动车第三者责任保险范围内的事故, 并经公安部门或保险人查勘确认的, 被保险机动车第三者责任保险所适用的责任限额在保险单载明的基础上增加一倍。法定节假日的范围已在第一章阐述。

354　法定节假日驾车发生交通事故造成车辆报废, 车辆已投保法定节假日限额翻倍险, 是不是可以要求保险公司赔偿双倍保险金额?

视情况而定, 法定节假日限额翻倍险只适用于发生在第三者责任险范围内的事故, 只有发生第三者责任险赔偿的事故才可以限额翻倍。投保了机动车第三者责任保险的家庭自用汽车, 可投保该附加险。营运车不可以投保该附加险, 比如出租汽车、货运汽车就不能投保该附加险。

355　什么是医保外医疗费用责任险?

保险期间内, 被保险人或其允许的驾驶人在使用被保险机动车的过程中, 发生主险保险事故, 对于被保险人依照中华人民共和国法律(不含港澳台地区法律)应对第三者或车上人员承担的医疗费用, 保险人对超出《道路交通事故受伤人员临床诊疗指南》和国家基本医疗保险同类医疗费用标准的部分负责赔偿。

356　投保了哪种主险, 可以投保医保外医疗费用责任险?

投保了机动车第三者责任保险或机动车车上人员责任保险的机动车, 可投保医保外医疗费用责任险。

357　医保外医疗费用责任险赔偿限额怎么定?

赔偿限额由投保人和保险人在投保时协商确定,并在保险单中载明。

358　医保外医疗费用责任险赔偿需要什么证明?

被保险人索赔时,应提供由具备医疗机构执业许可的医院或药品经营许可的药店出具的、足以证明各项费用赔偿金额的相关单据。保险人根据被保险人实际承担的责任,在保险单载明的责任限额内计算赔偿。

359　什么是道路救援服务特约险?

保险期间内,被保险机动车在使用过程中发生故障而丧失行驶能力时,保险人或其受托人根据被保险人请求,向被保险人提供道路救援服务。

360　事故车需要救援,必须投保道路救援服务特约险吗?

投保有车辆损失险,车辆发生事故时由保险公司负责,无须投保道路救援服务特约险。道路救援服务特约险提供的是非事故道路救援。

361　投保了道路救援服务特约险,单程最远能拖车多少千米?

单程 50 千米以内拖车。

362　投保了道路救援服务特约险,车辆路上没油了,保险公司能帮送油吗?

可以,但燃油的费用由被救援车负责。

363　车辆因蓄电池亏电无法启动,投保了道路救援服务特约险,保险公司可以送蓄电池吗?

保险公司可以送电、搭电,如果是送蓄电池,蓄电池费用由被保险人负责。

364 驾车时，轮胎扎钉漏气了，保险公司可以派人来帮忙更换轮胎吗？

可以，轮胎充气、更换轮胎都属于道路救援服务特约险的保险责任。

365 道路救援服务特约险的服务次数怎么确定？

保险期间内，保险人提供 2 次免费服务，超出 2 次的，由保险人和被保险人在签订保险合同时协商确定，分为 5 次、10 次、15 次、20 次四档。

366 什么是车辆安全检测特约条款？

保险期间内，为保障车辆安全运行，保险人或其受托人根据被保险人请求，为被保险机动车提供车辆安全检测服务。

367 投保了车辆安全检测特约条款，保险公司负责免费维护吗？

不负责，车辆安全检测特约条款只提供检测服务，例如发动机检测、变速器检测、底盘检测等。

368 投保了车辆安全检测特约条款，保险公司负责免费做车轮定位测试、轮胎动平衡测试吗？

可以，转向系统检测（含车轮定位测试、轮胎动平衡测试）属于车辆安全检测特约条款的保险责任。

369 投保了车辆安全检测特约条款，保险公司负责免费洗车吗？

不负责，洗车、打蜡等常规保养费用属于车辆安全检测特约条款的责任免除范围。

370 车辆安全检测特约条款服务次数怎么确定？

保险期间内，车辆安全检测特约条款的检测项目及服务次数上限由投保人和保险人在签订保险合同时协商确定。

371　什么是代为驾驶服务特约条款?

保险期间内,保险人或其受托人根据被保险人请求,在被保险人或其允许的驾驶人因饮酒、服用药物等原因无法驾驶或存在重大安全驾驶隐患时提供单程 30 千米以内的短途代驾服务。

372　代为驾驶服务特约条款服务次数怎么确定?

保险期间内,代为驾驶服务特约条款的服务次数上限由投保人和保险人在签订保险合同时协商确定。

373　什么是代为送检服务特约条款?

保险期间内,按照《中华人民共和国道路交通安全法实施条例》,被保险机动车需由机动车安全技术检验机构实施安全技术检验时,根据被保险人请求,由保险人或其受托人代替车辆所有人进行车辆送检。

374　车辆年审的费用,投保了代为送检服务特约条款,保险公司负责吗?

不负责,车辆检验费用及罚款属于送检服务特约条款责任免除范围。

375　车辆年审不合格需要维修,投保了代为送检服务特约条款,保险公司负责吗?

不负责,车辆维修费用属于送检服务特约条款责任免除范围。

第七章　驾乘人员意外险该不该买

376　驾乘人员意外险是一个险种吗?

不是，有主险和附加险，主险包括身故、伤残、医疗三个保险责任，附加险包括住院津贴保险、医保外医疗费用补偿险。

377　驾乘人员意外险有指定受益人吗?

驾乘人员意外险属于意外险，有指定受益人。被保险人或投保人可指定一人或数人为身故保险金受益人。身故保险金受益人为数人时，应确定其受益顺序和受益份额；未确定受益份额的，各身故保险金受益人按照相等份额享有受益权，投保人指定受益人时须经被保险人同意。

378　驾乘人员意外险中伤残保险金和医疗保险金是赔偿给指定受益人吗?

除另有约定外，伤残保险金和医疗保险金的受益人为被保险人本人。

379　如果受益人先于被保险人死亡，驾乘人员意外险保险金该赔给谁?

保险金作为被保险人的遗产，由保险人依照《中华人民共和国继承法》的规定履行给付保险金的义务。

380 驾乘人员意外险是和被保险人绑定还是和被保险车辆绑定？

和车辆绑定，跟车不跟人，无论什么人乘坐，发生事故都可以赔偿。

381 如果受害人已获得车上人员责任险赔偿，驾乘人员意外险还能赔吗？

不能，已从其他渠道获得赔偿的，驾乘人员意外险将不再赔偿。

382 驾乘人员意外险和商业险一样"无责免赔、有责才赔"吗？

无论事故是谁的责任，只要是在这辆车上发生了交通意外，就可以获得赔偿。驾乘人员意外险是车上人员责任险的一种补充。驾乘人员意外险的赔付不需要看责任和比例，只看投保的保额。

383 投保了车上人员责任险还有必要投保驾乘人员意外险吗？

一般车上人员责任险的限额比较低，如果投保较高限额的车上人员责任险，保费会比较贵，所以建议车主在投保车上人员责任险后再投保一份驾乘人员意外险作为补充，驾乘人员意外险的保费相对比较便宜。

第八章　汽车保险该如何买

384　只是想为车辆办理注册登记（上牌）或通过车辆年检，该如何投保？

可以只投保一个交强险，但这样风险会很大，因为交强险的赔偿限额很低，万一发生大的交通事故就要自己出钱赔偿。

385　投保车险时，应该怎样选择保险公司？

最好选择信誉好，赔付能力强的公司。例如，中国人民财产保险股份有限公司（中国人保财险）、中国平安保险（集团）股份有限公司（中国平安）、中国太平洋保险（集团）股份有限公司（太平洋保险）、华安财产保险股份有限公司（华安保险）等。

386　投保车险选择什么途径是最好的？

投保的主要途径有保险公司、汽车 4S 店、保险代理机构、电话、网络等。最安全的是直接到保险公司或汽车 4S 店投保，电话、网络方便快捷，但安全系数低，最好是通过认证后再投保。

387　投保车险时责任限额该怎么选？

对于有选择限额范围的责任险种，一般根据用途、使用性质进行选择，例如第三者责任险，家庭自用车一般选 200 万元，经济发达地区 300 万元以上，营运货车最少500 万元，大型货车最好投保 1000 万元限额。

388　5 年以内的家用轿车应该怎么买车险？

交强险 + 车辆损失险 + 第三者责任险（200 万元限额，发达地区 300 万元限额）+ 车上人员责任险（5 万元限额）+ 车身划痕损失险 + 车轮单独损失险 + 法定节假日限额翻倍险 + 驾乘人员意外险 + 医保外用药责任险。

389　5 到 10 年的普通家用轿车应该怎么买车险？

交强险 + 车辆损失险 + 第三者责任险（200 万元限额，发达地区 300 万元限额）+ 车上人员责任险（5 万元限额）+ 法定节假日限额翻倍险 + 驾乘人员意外险。

390　5 到 10 年的中高端家用轿车应该怎么买车险？

交强险＋车辆损失险＋第三者责任险（200 万元限额，发达地区 300 万元限额）+ 车上人员责任险（5 万元限额）+ 车身划痕损失险 + 车轮单独损失险 + 法定节假日限额翻倍险 + 驾乘人员意外险 + 医保外用药责任险。

391　10 年以上普通家用轿车应该怎么买车险？

交强险 + 第三者责任险（200 万元限额，发达地区 300 万元限额）+ 车上人员责任险（5 万元限额）+ 法定节假日限额翻倍险 + 驾乘人员意外险 + 医保外用药责任险。

392　10 年以上中高端家用轿车应该怎么买车险？

交强险 + 车辆损失险＋第三者责任险（200 万元限额，发达地区 300 万元限额）+ 车上人员责任险（5 万元限额）+ 车轮单独损失险 + 法定节假日限额翻倍险 + 驾乘人员意外险 + 医保外用药责任险。

393   纯电动汽车保险该怎么买?

纯电动汽车和传统燃油车最大的区别是动力部分,纯电动汽车的三电系统(电池、电机、电控)取代了传统燃油车的发动机,这部分占车辆价值的 70%,所以除了和传统燃油车一样的部分,一定要投保车辆损失险。方案如下:

交强险 + 车辆损失险(一定要投保)+ 第三者责任险(200 万元限额,发达地区 300 万元限额)+ 车上人员责任险(5 万元限额)+ 车身划痕损失险 + 车轮单独损失险 + 法定节假日限额翻倍险 + 驾乘人员意外险 + 医保外用药责任险。

394   出租车保险该怎么买?

出租车使用频率较高,出险率比家庭自用车要高得多,风险比较大,保障第三方的赔偿金额一定要足够。因此,在投保交强险的基础上,建议投保第三者责任险(300 万元以上限额)、车上人员责任险(每座 3 万元限额)、驾乘人员意外险。

395   营运客车保险该怎么买?

营运客车使用频率较高,经常跑长途,风险比较大,保障第三方和车上人员的赔偿金额一定要足够。因此,在投保交强险、承运人责任险(60 万元以上限额)的基础上,建议投保第三者责任险(800 万元限额以上)、车辆损失险。

396   营运货车保险该怎么买?

营运货车使用频率较高,经常跑长途,载质量大,一旦发生事故,给第三方造成的伤害往往是巨大的,风险很大,保障第三方的赔偿金额一定要足够。因此,在投保交强险的基础上,建议投保第三者责任险(800 万元限额以上)、车上货物责任险(限额根据经常运输货物价值确定)。

397   一辆车可以同时多买几份保险吗?

不可以,机动车商业保险重复投保是无效的,出险得不到多份赔偿,如果重复投保,保费反而要多出几份，这是非常不划算的。

398. 商业险的保险费和出险次数、投保年限有什么关系？

商业险的保险费和保险公司的赔款次数挂钩，不和赔偿金额挂钩，所以建议大家小事故自行解决，最好不要找保险公司赔偿。赔款次数与保险费的关系见表8-1。

表8-1 无赔款优待系数（NCD系数）表

NCD 等级	NCD 系数		出险情况
	全国（不含北京、厦门）	北京、厦门	
-5		0.4	5年以上无赔付
-4	0.5	0.5	4年以上无赔付（全国，不含北京及厦门）、4年无赔款（北京）
-3	0.6	0.6	3年无赔付
-2	0.7	0.7	2年无赔、3年1次
-1	0.8	0.8	上年无赔、2年1次、3年2次
0	1.0	1.0	新车、1年1次、2年2次、3年3次
1	1.2	1.2	1年2次、2年3次、3年4次
2	1.4	1.4	1年3次、2年4次、3年5次
3	1.6	1.6	1年4次、2年5次、3年6次
4	1.8	1.8	1年5次、2年6次、3年7次
5	2.0	2.0	1年6次、2年7次、3年8次

从表可以看出，5年以上无赔款记录的，第二年保费（北京、厦门）可以打4折；赔款记录为1年6次、2年7次、3年8次，保费将翻倍。

第九章　出险了该如何办

399　出险了你懂得如何报案吗?

首先要知道承保保险公司的客服电话，出险后可以通过电话、微信、上门、APP等方式报案给保险公司。常见承保车险的保险公司客服电话见表9-1。

表9-1　常见承保车险保险公司的客服电话

保险公司	客服电话	大地保险	95590	天安保险	95505
中国人保	95518	都邦保险	95586	合众保险	95515
中国平安	95511	阳光保险	95510	中国人寿	95519
太平洋保险	95500	安盛天平财险	95550	新华保险	95567
华安保险	95556	永诚保险	95552	中华联合保险	95585

400　你知道有报案时效的说法吗?

普通的交通事故案件必须48小时内报给保险公司；盗抢案件24小时内报给公安机关，48小时内必须报给保险公司。48小时就是报案时效，超过48小时，保险公司就有可能拒赔（图9-1）。

图9-1　超过报案时效保险公司拒赔

401　被别人的车撞了，该怎么处理？

一定要先向第三方索赔，同时向保险公司报案，如果放弃了第三方赔偿的权利，第三方不赔偿损失时，将无法通过自己的车辆损失险进行代位追偿。

402　收费停车场中车辆丢失、车辆被剐蹭，保险公司会赔偿吗？

不赔偿，收费停车场（图9-2）中车辆丢失、车辆被剐蹭由停车场负责赔偿。因为收费停车场负有车辆保管义务。

图9-2
收费停车场

403　什么是单方事故？单方事故如何处理？

所谓的单方事故就是不涉及赔偿第三方的事故（图9-3），例如车辆掉进沟里、车辆撞在石头上。在普通道路上发生的单方事故直接报给保险公司，无须报给交警，由保险公司查勘定损。

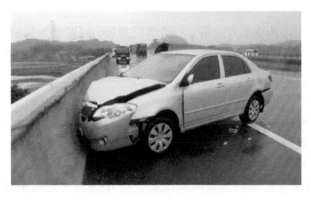

图9-3
单方事故

404   什么是多方事故？多方事故如何处理？

多方事故就是涉及两车或两车以上，或涉及需赔偿第三方的事故（图9-4）。多方事故的处理分两种，一种是适合快速处理的事故，不用报警，双方拍照后按快速流程处理；第二种是不适合快速处理的事故，须报警处理。

图9-4   多方事故

405   伤人事故如何报案处理？

伤人事故一定要报警处理，一定不能私下解决。责任认定后，小额伤人案件保险公司采用小额伤人快速处理流程处理。小额伤人案件一般指受伤医疗费无责任时为1800元以下，有责任时为18000元以下的轻微伤事故。

406   死亡事故怎么报案处理？

涉及死亡的事故一定要报警处理，同时在48小时内向保险公司报案（越早越好），尽量减少损失。涉及人身伤亡的事故千万不要私下处理，更不能逃逸，因为除了涉及赔偿问题外，还涉及刑事责任的问题。

407   车辆自燃怎么报案处理？

如果车内起火了，应立即停车、灭火，向交警、消防部门报警，同时通知保险公司。事后一定要向处理事故的交警、消防部门索取责任认定书或火灾证明。因为车辆自燃没有火灾证明保险公司无法确定责任，将无法赔偿。

408   车辆被盗怎么报案处理？

发现车辆被盗后的24小时内一定要向公安机关报案，48小时内一定报给保险公司。否则保险公司有可能拒赔。

409 车辆被水淹怎么报案处理?

马上报给保险公司,能自救的马上自救,不能自救的由保险公司组织施救,尽量减少损失,因为车辆被水淹施救越早损失就越小。

410 车在外地出险怎么报案处理?

保险公司现在都是全国联网服务的,打保险公司的全国客服电话报案,由当地的保险公司处理。例如中国人保的全国客服是 95518、中国平安是 95511、太平洋保险是 95500。

411 什么是快速处理? 满足什么条件可以快速处理?

快速处理就是发生交通事故后,双方拍照取证后快速离开现场,保障交通的畅通。但必须是没有涉及车辆以外的损失,没有人员伤亡,双方没有违法驾驶行为,车辆可以移动,损失较小(损失一般在 5000 元)的情况。

412 快速处理的流程是怎样的?

1)停好车,设置好警告标志。事故发生后,应该第一时间亮起车辆的危险警告闪光灯并在车后设置危险警告标志。防止后车追撞,保障车内乘客以及车辆的安全。

2)现场拍照。设置好警告标志后,就要对事故现场拍照取证(具体怎么拍后面会介绍)。

3)确认对方是否违规驾驶。对事故现场进行拍照取证后,还要检查对方证照,并确认对方没有酒后驾车,如无问题则可把车辆移到不阻碍交通的地方。

4)核对对方驾驶人、车辆信息。接下来,要详细核对对方证件。要核对的证件包括:身份证、驾驶证、行驶证、车牌号、保险凭证以及年检凭证。

5)报案。报案是报给投保的保险公司,不是报给交警。

6)双方一起到快速理赔中心处理。把现场拍的照片交给快速处理中心工作人员,由工作人员出具快速处理责任认定书。

413　投保了车辆损失险的车辆，出险报案后可以直接开到修理厂进行维修吗？

不可以，维修前必须经过保险公司定损，保险公司无法确定的损失不赔偿。

414　酒后驾驶造成事故，可以双方协商解决吗？

不可以，发现对方为酒后驾车的，不能私下解决，一定要报警处理。

415　酒后驾驶造成事故，保险公司查勘员可以现场拒赔吗？

不可以，保险公司查勘员发现驾驶人酒后驾驶的要马上报警，保险公司查勘员无执法权，如果没有交警处理是无法取证的，保险公司拒赔要有拒赔证据，没有证据无法出具书面拒赔通知。

416　驾驶人驾驶证记满 12 分，保险公司可以拒赔吗？

不可以，只要驾驶证没被注销、吊销就是具有合法驾驶资格的，保险公司不能拒赔。

417　车辆在高速公路撞死穿越高速公路的行人，保险公司需要赔偿吗？

高速公路禁止行人穿行，交警认定行人负全部责任，保险公司只赔偿交强险无责任死亡伤残限额 18000 元，第三者责任险在无责任时不赔偿。

418　发生事故撞伤人，医院让垫付医药费，该如何垫付？

交警事故认定书没出来之前，按交强险无责任医疗费用赔偿限额 1800 元垫付，事故责任认定有责任，则按有责任医疗费用赔偿限额 18000 元补足。

419　发生事故，肇事方已赔偿，还可以要求保险公司赔偿吗？

不可以。肇事方赔偿后相当于已无债权，不能再代位追偿，如果再使用代位追偿，保险公司无追偿对象。

第十章　案例分析

420 发生事故未如实告知，保险公司会赔偿吗？

2014 年 12 月 20 日，顾某的儿子黄某（顾某为事故车辆的所有人和车险的投保人）驾驶该车行驶至某公园大门时，因操作不当，开进沟坎里（图 10-1），造成车辆前部和底盘受损，黄某立即向保险公司报案，称其驾驶时发生事故，需要救援。

图 10-1　车辆开到沟里

但在随后接受交管部门的问询时，因考虑到投保车辆保险合同时有关指定驾驶人的约定，顾某和黄某谎称事故发生时系指定驾驶人顾某驾驶车辆（2009 版车险条款，有指定驾驶人、指定驾驶区域的条款，指定驾驶人、指定区域时，保费可以适当降低，但出险时如果不是指定驾驶人驾驶保险车辆则增加 10% 的绝对免赔率、不在指定区域再增加 10% 的绝对免赔率）。根据两人陈述，交警出具了道路交通事故认定书，认定书载明：顾某违反《道路交通安全法》的规定，负事故全部责任。

3 日后，保险公司完成了车辆定损，定损金额近 9 万元，顾某就此申请理赔，却意外地被保险公司拒绝了。保险公司拒绝理赔时称，其在审核理赔时发现，顾某对保险公司和交警部门陈述的事故情形不一致，并提供虚假证据，导致交警部门及保险公司无法查清事故发生时的驾驶人黄某是否存在法律规定的禁止驾驶机动车的情形，也无法核实黄某在事故发生时是否存在法律规定及合同约定的责任免除情形，保险公司没有给付保险金的义务，于是拒绝给付保险赔偿金。并且，黄某驾驶机动车出险，按照合同约定属非指定驾驶人，应当增加 10% 的免赔率，并扣除相应残值。双方为赔与不赔，以及赔付金额争执不下，顾某一纸诉状将保险公司告上了法院，要求保险公司支付保险赔偿金及拖吊费 8 万余元。

当地法院经审理认为，顾某在该保险公司投保了机动车损失险等险种，保险公司应根据法律规定和保险合同约定承担保险责任。《保险法》规定，保险事故发生后，投保人、被保险人或者受益人以伪造、变造的有关证明、资料或者其他证据，编造虚假的事故原因或者夸大损失程度的，保险人对其虚报的部分不承担赔偿或者给付保险金的责任。顾某与黄某在交警部门接受调查时均称事故发生时由顾某驾驶涉案投保车辆，而顾某在本案诉状及庭审中又称系由黄某驾驶，是为了让保险公司多赔付 10%，才在交警部门的询问中谎称由顾某驾驶。道路交通事故认定书中载明的"顾某驾驶川A×××56 号车辆""顾某负事故全部责任"等内容与顾某陈述的事实不一致。因此，案涉事故的性质、发生原因尚不明确。故顾某以道路交通事故认定书，主张保险公司应承担保险责任支付保险赔偿金及拖吊费的诉讼请求，缺乏依据，不予支持。故驳回原告顾某的诉讼请求。

分析一下为什么保险公司拒赔：保险原则中有一个原则叫最大诚信原则，即要求双方当事人不隐瞒事实，不相互欺诈，以最大诚信全面履行各自的义务，从而保证对方权利的实现。

特别注意：履行如实告知义务是最大诚信原则对投保人的要求。由于保险人面对的投保人众多，不可能一一去了解保险标的的各种情况。因此，投保人在投保时，应当将足以影响保险人决定是否同意承保，提高保险费率或增加特别条款的重要情况，向保险人如实告知。

对于投保人，违反如实告知义务的主要表现为遗漏、隐瞒、伪报、欺诈等行为。保险人可以视情况决定是否解除保险合同，也可以不承担赔偿或者给付保险金的责任。

对保险人而言，违反如实告知义务的主要表现是未履行明确说明义务，未作明确说明的，责任免除条款不产生效力。如果保险人已经弃权，那么保险人将丧失基于被保险人的某特定违约行为而产生的合同解除权和抗辩权。但如果投保人、被保险人、受益人有其他违约行为，保险人仍可依法律或约定享有抗辩权或合同解除权。

421 投保二手车，保险没过户，出险能赔吗？

投保二手车，保险一定要过户（图 10-2）。

图 10-2　投保二手车，保险一定要过户

张先生从原车主焦某手上投保了一辆货车（图 10-3），因怕麻烦没有过户。

图 10-3　当事车辆

后来，他以焦某的名义到保险公司投保了交强险、车辆损失险、第三者责任险（100万元限额）及不计免赔特约险（2020 版车险条款已取消不计免赔特约险）。保险期间，张先生所雇驾驶人驾车出车祸（图 10-4），致 5 名行人受伤，交警认定驾驶人负全责。事发后，张先生申请保险公司赔偿 5 名伤者 6.8 万余元及车辆损失 8.3 万余元，被保

险公司拒赔，理由是张先生既不是被保险人也不是投保人，没有请求保险金的权利。

图 10-4　未过户车辆发生事故

张先生不服，随后以焦某名义起诉保险公司，张先生认为车是以焦某的名义投保的，焦某是被保险人，这次保险公司应该没有理由拒赔了。但结果让张先生大失所望，张先生的诉讼请求被法院驳回，理由是张先生是车辆实际所有人，焦某是名义所有人，焦某对保险合同项下的保险标的不具有保险利益。

张先生又以自己的名义起诉。这次诉求同样被驳回。法院认为，保险合同是保险公司与焦某签的，张先生虽然从焦某处取得了货车的所有权，是实际车主，但他不是投保人，也不是被保险人。张先生与保险公司之间不存在保险合同关系，因此，他不具备诉讼主体资格。宣判后，张先生表示服从判决。

其实本案如果一开始是焦某去保险公司申请索赔，而不是张先生出面就一点问题都没有，这是为什么呢？因为车子没过户，在法律上来说，焦某还是车主，同时焦某也是被保险人，符合保险利益原则，也就是说焦某是具有保险金请求权的人。

投保二手车记得一定要过户，其专业术语为"保单批改"。

2020 版车险条款的责任免除条款中约定"被保险机动车被转让、改装、加装或改变使用性质等，导致被保险机动车危险程度显著增加，且未及时通知保险人，因危险程度显著增加而发生事故的"，保险公司不赔偿。

422　玛莎拉蒂停路边被撞需赔 25 万元，对方赔不起，怎么办？

现实生活中，经常会出现发生交通事故对方赔不起（图 10-5）的情况。2018 年 2 月 20 日下午 1 点多，浙江义乌上溪大队接到报警称，上横塘村香火前路段发生一起交通事故（图 10-6），肇事驾驶人驾车逃跑了，被撞的是一辆玛莎拉蒂，车尾受损严重，估计修理费 25 万元（图 10-7）。玛莎拉蒂车主告诉民警，自己从杭州来义乌拜年，怕妨碍别人开车，还特意将车停得靠近花坛边。

图 10-5

发生交通事故对方赔不起

图 10-6

停放在路边被撞的玛莎拉蒂

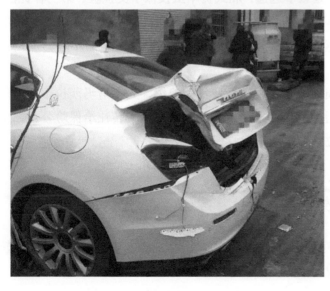

图 10-7

玛莎拉蒂受损严重

肇事的是一辆白色厢式货车，为金华某公司所有，驾驶人肇事后驾车逃逸。图10-8为肇事的白色厢式货车。

图 10-8   肇事车辆

据肇事者陈某称，自己在金华某公司上班，那天他私自拿了公司货车的钥匙，想回家拿些东西，顺便练个车。谁知到了上横塘村时，陈某见车子的前风窗玻璃有雾气，就侧身去擦，方向盘一时没有把住，车辆失控向右偏离，撞到停在路边的玛莎拉蒂。陈某由于没有驾驶证，一旦被交警查到肯定要受处罚，而且保险公司肯定也不会赔偿对方车辆的损失，所以开着货车回了金华。

陈某因无证驾驶、肇事逃逸被处以罚款1500元，拘留17天的处罚，并承担将近25万元的车损。

肇事者陈某属无证驾驶又是肇事逃逸，厢式货车虽投保了交强险、第三者责任险，但保险公司肯定不会赔偿玛莎拉蒂的损失，因为无证驾驶、肇事逃逸都属于保险的责任免除范围，陈某也受到交警部门的处罚。但25万元的车损陈某赔不起，那玛莎拉蒂车主怎么办？

若玛莎拉蒂投保了车辆损失险，则可以行使代位追偿，先申请玛莎拉蒂承保的保险公司赔偿车辆的损失，然后把应该由肇事者陈某赔偿的损失转让给保险公司，由保险公司去追陈某赔偿，玛莎拉蒂车主不用担心得不到赔偿。

423   驾驶途中发生事故后，对方拒签事故认定书，怎么办？

2018年2月13日，在广西来宾兴宾区某路上发生一起交通事故，一辆别克轿车与一辆电动自行车相撞，造成两车受损（图10-9）。

图 10-9　别克车与电动自行车相撞事故现场

　　经交警裁定，电动自行车车主负全部责任，别克车无责任（图10-10）。但电动自行车车主拒签事故认定书，更不用说赔偿轿车的损失了。别克车主打电话给保险公司，保险公司回复称被保险车辆无责任，保险不赔，遇到这种情况怎么办？

　　别克车承保车辆损失险的保险公司不愿意赔，理由是别克车无责任，按商业险"有责赔偿，无责免赔"的赔偿原则，保险公司也没错。只是别克车主不了解代位追偿原则，没有主动跟保险公司申请。只要别克车主申请保险公司代位追偿，保险公司就会先赔偿别克车的损失。

　　特别注意：车辆损失险保险条款约定"因第三方对被保险机动车的损害而造成保险事故，被保险人向第三方索赔的，保险人应积极协助；被保险人也可以直接向本保险人索赔，保险人在保险金额内先行赔付被保险人，并在赔偿金额内代位行使被保险人对第三方请求赔偿的权利"，这要求保险公司要主动履行代位追偿。但实际执行过程中，保险公司并不会主动履行代位追偿，一般都需要车主主动申请。

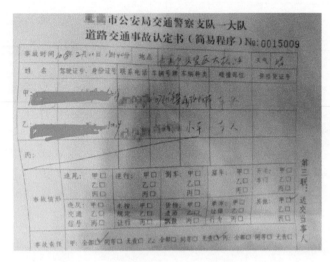

图 10-10
事故认定书

424 一方全责、一方无责，涉及人员伤亡和财产损失，交强险如何赔偿？

2016 年 19 日上午，在国道 322 线广西南宁市七塘路段，一名李姓驾驶人驾驶一辆大货车，与一辆越野车发生碰撞（图 10-11），造成越野车上 5 人当场死亡，交警判大货车全责，越野车无责任。

肇事大货车

受害车辆

图 10-11
大货车与越野车相撞事故现场

第三方人员 5 人死亡（图 10-12），估计需赔偿 400 万元。

越野车上 5 人当场死亡

图 10-12
事故造成 5 人死亡

受害第三方车辆报废（图 10-13），属财产损失，估计需赔偿 15 万元。

图 10-13
越野车受损严重

本案例中，肇事大货车全责，第三方越野车无责，按交强险有责任赔偿限额进行赔偿。受害第三方越野车车上人员伤亡 5 人需赔 400 万元， 2020 版交强险条款有责任死亡伤残赔偿限额 18 万元（特别注意：是 5 人一共赔偿 18 万元，而不是每人赔偿 18 万元），只能按限额 18 万元赔偿。越野车报废需赔 15 万元，超过交强险有责任财产损失赔偿限额 2000 元，只能赔 2000 元，合计赔偿 18.2 万元，离损失 415 万元差距巨大。越野车无责，大货车无人员伤亡，只有车损，越野车按无责任财产损失赔偿限额，最高赔给大货车 100 元。

425　两车相撞，双方都有责任，双方的财产损失交强险是如何赔偿的？

2017 年 6 月，在山东济南某城市道路上，李某驾驶的轿车和梁某驾驶的轿车相撞，交警判梁某负主要责任，李某负次要责任，李某的轿车修理费为 600 元，梁某的轿车修理费为 200 元（图 10-14）。

图 10-14
事故双方车辆受损情况

两车均已投保交强险，本次事故保险公司应如果赔偿？本次事故只涉及两车的车损，没有人员伤亡，只有财产损失。有责任财产损失最高只能赔偿 2000 元，如果不足 2000 元，实际损失多少赔多少。

本案例中，梁某负主要责任，李某负次要责任，也就是双方都有责任，两车相撞互为第三方，梁某交强险赔李某车辆损失，李某的轿车修理费为 600 元，小于交强险有责任财产损失赔偿限额 2000 元，所以实际损失 600 元就赔 600 元。同理李某交强险赔梁某车辆损失 200 元。

本次事故符合互碰自赔的条件，还可以使用互碰自赔，也就是各自找各自的保险公司赔偿，而不用找对方的保险公司赔偿，这样可以省去不少麻烦。

426　一方全责、一方无责，涉及动物伤亡的交强险如何赔偿？

2016 年年底，河南省南阳市社旗县大冯营乡李某驾车探亲。行至一村庄拐弯处，李某的车辆与农户薛某家的宠物狗发生碰撞，造成小狗死亡（图 10-15）。交警认定，李某负事故全部责任。经调解，李某赔偿薛某经济损失 11000 元。

图 10-15
宠物被撞现场，肇事车辆负全责

本案例中，肇事者李某全责，按交强险有责赔偿。受害第三方为薛某，薛某的宠物狗被撞死，需赔 11000 元。宠物狗虽然也是一条生命，但不同于人的生命，虽然现在有些宠物狗的价格高达几万元甚至几十万元，但都属于财产损失项赔偿范围，不能作为交强险中死亡伤残项，所以最高只能赔 2000 元，这点要特别注意。

如果遇到索赔几万元、几十万元的情况，怎么办？如果只有交强险，那只能自掏腰包了。如果还投保了第三者责任险，不足部分则由第三者责任险进行赔偿。特别注意：汽车保险不是投保一两个险种就能囊括所有的损失赔偿的，还需要很多险种进行补充。

427　不投保交强险会被罚吗？

2018 年 2 月 26 日上午 9 时许，民警在对一辆济南牌照的小型轿车进行检查时发现（图 10-16），该车的交强险标志上显示的截止日期是 2 月 2 日，驾驶人是忘记投保保险还是忘记粘贴保险标志了？

图 10-16
车辆未投保交强险被拦

　　民警将驾驶人带至警务室进一步询问（图 10-17）。据驾驶人马某交代：自己车辆交强险的截止日期是今年 2 月 2 日，因为忙着过年便把投保交强险这件事给忘记了，直到被民警查到才想起自己还未投保。

图 10-17
未投保交强险被处罚

　　民警根据《道路交通安全法》第九十八条第一款规定，给予马某依照规定投保最低责任限额应缴纳的保险费的 2 倍罚款，罚款 1900 元。

　　在中华人民共和国境内道路上行驶的机动车的所有人或者管理人应当投保机动车交通事故责任强制保险。这是法律规定，不投保意味着就是违法的，必将受到法律的处罚。

　　机动车所有人、管理人未按照规定投保机动车交通事故责任强制保险的，由公安机关交通管理部门扣留机动车，通知机动车所有人、管理人依照规定投保，处依照规定投保最低责任限额应缴纳的保险费的 2 倍罚款。因此，不买交强险的罚款比普通交通违法多得多。

428　肇事后逃逸，交强险能赔吗？

　　2018 年 4 月 18 日 19 时 37 分许，南宁市昆仑大道广西交通职业技术学院前路段，一辆白色小轿车碰撞行人后逃逸，行人伤势严重。当晚 22 时 15 分许，南宁交警四大队民警在民族大道某小区内成功将肇事逃逸驾驶人陆某以及涉案车辆缉拿归案（图 10-18）。

图 10-18
肇事逃逸车辆及驾驶人

肇事逃逸的轿车

交强险条款中规定以下损失和费用，交强险不负责赔偿和垫付：

（1）因受害人故意造成的交通事故的损失。

（2）被保险人所有的财产及被保险机动车上的财产遭受的损失。

（3）被保险机动车发生交通事故，致使受害人停业、停驶、停电、停水、停气、停产、通信或者网络中断、数据丢失、电压变化等造成的损失以及受害人财产因市场价格变动造成的贬值、修理后因价值降低造成的损失等其他各种间接损失。

（4）因交通事故产生的仲裁或者诉讼费用以及其他相关费用。

上面这四项中并没有肇事逃逸的情形，所以交强险必须赔偿。

429 九寨沟地震巨石砸中汽车，车辆损失险赔偿吗？

2017 年 8 月 8 日晚，在四川省九寨沟发生了 7.0 级的地震。九寨沟有一辆大客车被山上滚落下的石块砸中，导致车身严重变形（图 10-19）。

地震引起
的滚石砸中
大客车

图 10-19
大客车被巨石砸中

有一辆轿车被巨石砸中，车身严重变形，造成人员伤亡（图 10-20）。

有一辆轿车被巨石砸中，车身严重变形（图 10-21），没有人员伤亡。

图 10-20
被巨石砸中严重损坏的轿车

图 10-21
被巨石砸中的无人员伤亡的
轿车

本次事故主要的损失为车辆损失及人员伤亡，损失巨大。如果车辆投保有车辆损失险和车上人员责任险，保险公司会赔偿吗？

车辆损失险赔偿的两大保险责任，一是意外事故，一是自然灾害。

如果是按发生事故时的车险条款（即 2014 版车险条款），地震及地震产生的次生灾害造成的事故属于责任免除范围，所以当年保险公司是不赔偿的。

2020 版车险条款已经把"地震及地震产生的次生灾害"列为车辆损失险自然灾害中的保险责任，所以如果该事故发生在 2020 年 9 月 19 日以后，则保险公司应予以赔付。

430 发生水灾车辆被冲走，车辆损失险能赔偿吗？

2016 年 6 月 14 日凌晨，柳州特大暴雨袭城，导致城区多处地段被淹，强降雨还引发洪水，数十辆车被冲走（图 10-22）。据了解，当天凌晨大约 4 点钟开始雨势加大，并一直持续到 7 点左右才逐渐减弱，持续的暴雨天气导致山洪暴发，居民区里数十辆汽车被洪水冲走，积水约 2 米深。

在古亭山阳和开发区一座桥上看到，一辆吊车正把桥下被洪水冲走的汽车吊上岸，汽车车身严重变形，并且布满了淤泥和杂草（图 10-23）。

图 10-22
被洪水冲到河里的车辆

图 10-23
施救上来的车辆

　　被洪水冲走的汽车，保险公司是否可以赔偿，就要看车辆是否投保了车辆损失险。如果投保了车辆损失险，保险公司是可以赔偿的，因为这是自然灾害（洪水、泥石流、台风等）造成的车辆损失，属于车辆损失险的保险责任范围。

431 狂风暴雨导致一墙体垮塌，压坏 7 辆汽车，保险公司能赔吗？

　　2018 年 5 月 7 日晚 18 点多，南宁市金象三区风雨交加，小区附近不远的一处墙体突然被大风刮倒垮塌下来，当时墙体边的道路停了一排汽车，有 7 辆汽车被垮塌的墙体压坏（图 10-24）。

图 10-24　被狂风吹倒的围墙砸坏车辆

自然灾害导致墙体垮塌，车辆被压坏，如果车辆投保有车辆损失险，保险公司会赔吗？

本次事故 7 辆汽车的损失都是车辆损失，没有人员伤亡，属于车辆损失险的保险责任范围，所以保险公司予以赔付。

432 清明祭祖放鞭炮造成车辆着火，保险公司能赔吗？

清明节是我国一个传统节日，国家已经把清明节列为法定节假日，国人自古以来就有清明祭祖和扫墓的习俗。祭祖往往少不了烧香、烧纸钱等，还放鞭炮。重庆沙坪坝曾家镇的某先生，放鞭炮的同时不小心把车也烧了（图 10-25）。

燃放鞭炮造成车辆着火

图 10-25　放鞭炮把车辆烧成只剩一个车架

如果投保了车辆损失险，保险公司会赔偿吗？

本次事故是火灾（外界火源引起）造成的，属于车辆损失险的保险责任范围；被保险人放鞭炮并不是故意制造事故，而是属于过失行为，过失不属于车辆损失险的责任免除范围，所以保险公司应该赔偿。

如果放鞭炮时把车漆烧伤了（图 10-26），车辆的表面留下了鞭炮爆炸的痕迹，满身伤痕。

对图 10-26 所示的放鞭炮造成的车辆损失，如果投保了车辆损失险、车身划痕损失险，保险公司会赔吗？

图 10-26
车辆被鞭炮烧伤

可以赔偿。放鞭炮造成的车辆损失属于车辆损失险保险责任中的意外事故，本次事故是过失造成，不是被保险人故意行为，且不属于车辆损失险的责任免除范围。

433　驾驶人低头看手机，玛莎拉蒂开进水塘里，保险公司能赔偿吗？

2017 年 11 月 3 日下午，江苏南京一名驾驶人在开车过程中因为低头看手机，把价值两百多万的玛莎拉蒂开进了路边的水塘里（图 10-27）。

图 10-27
低头看手机把车开到水塘里

民警和驾驶人了解情况时，驾驶人还在发抖（图 10-28）和后怕。发生事故后车辆被施救上岸（图 10-29）。

图 10-28
肇事驾驶人接受调查

图 10-29
车辆被施救上岸

因为违反交规，驾驶人被扣 2 分并罚款 50 元。

落水的是一辆 2015 年投保的价值 200 多万元的玛莎拉蒂 GT 轿车, 据了解, 车主前段时间刚投保了 5 万元保费的车险, 其中包括车辆损失险。由于驾驶人开车玩手机把车开到水塘, 属于违法行为, 交警已做出了处理。该车的修理费估计要几十万元, 保险公司会赔偿车辆损失吗?

本次事故属于车辆损失险意外事故中的坠落, 虽然驾驶人是违法驾驶, 但不是故意制造交通事故, 不属于车辆损失险责任免除范围, 所以保险公司应该赔偿本次事故的损失。

434 大货车紧急制动, 所载钢梁戳穿驾驶室, 副驾驶座上的男子被顶飞, 保险公司能赔吗?

2018 年 6 月 15 日下午, 广西柳州古亭大道上发生一起交通事故! 一辆大货车突然紧急制动, 导致后车厢运载的钢梁往前贯穿驾驶室, 坐在副驾驶座上的一名少年直接被顶飞出车外, 造成车辆驾驶室严重受损和副驾驶人受伤 (图 10-30)。

图 10-30　大货车紧急制动, 车上钢梁往前贯穿驾驶室

本次事故主要有两方面损失, 一是车辆的损失, 货车驾驶室严重受损; 二是车上人员受伤。车上人员的受伤由车上人员责任险负责赔偿, 但车上人员责任险必须有足够的限额, 很多车辆投保车上人员责任险限额很低, 一般只有 1 万~3 万元, 如果医疗费用超过限额, 超过部分保险不赔。

另外就是车辆损失, 如果投保有车辆损失险, 保险公司会不会赔? 本次事故的车辆损失并不是和外界物体相撞, 而是被自身运输货物撞击, 和我们平常看到的撞车事故完全不一样。车辆损失险的保险责任如下: 保险期间内, 被保险人或其允许的合法驾驶人在使用被保险机动车过程中, 因意外事故、自然灾害造成被保险机动车的直接损失, 且不属于免除保险人责任范围, 保险人依照本保险合同的约定负责赔偿。因此, 车辆损失险赔偿本次事故的车辆损失, 车上人员责任险赔偿人员伤亡。

435 小孩在车上玩，松开了驻车制动手柄，车辆溜进沟里，保险公司能赔偿吗？

2017 年 2 月 12 日，在广西玉林某农村，一辆停放中的丰田 RAV4，由于小孩在车上玩，误把驻车制动手柄松开，车辆自行溜进路边的沟里（图 10-31），万幸的是没有造成人员伤亡，也没有造成第三方的财产损失，但车辆受损（图 10-32）。

图 10-31　小孩松手刹，车辆自行溜进路边的沟里　　　　图 10-32　受损的丰田 RAV4

车辆被施救起来后发现，车辆左侧受损较严重，但该车只投保了交强险，车辆的损失保险公司不赔偿。那么，如果该车投保了车辆损失险，保险公司会赔偿车辆的损失吗？

保险公司不赔偿，小孩不是合法的驾驶人，不具备驾驶资格，属于无证驾驶，属于车辆损失险的责任免除范围，所以保险公司不赔偿。

如果是车主忘记拉驻车制动手柄，车辆溜进沟里，保险公司能赔吗？

保险公司必须赔偿，这属于合法驾驶人驾车出的意外事故，属于车辆损失险的保险责任，且不属于车辆损失险的责任免除范围。

436 发动机爆缸，保险公司能赔吗？

梁某在 2018 年春节前驾车回农村老家过春节，路上正在修路（图 10-33），石头刷蹭到了底盘。梁某并没有下车检查，继续行驶，可是开着开着车就熄火了，并且怎么也起动不了，只能打电话给修理厂施救。

车辆被施救到修理厂后发现，发动机油底壳已经被撞凹变形，机油已经漏光（图 10-34）。

图 10-33　事故发生时的路况

图 10-34　受损的发动机油底壳

打开发动机盖后，更严重的问题出现了，缸体已经穿洞（图 10-35）。整个发动机几乎报废，驾驶人说赶紧通知保险公司过来，称自己的车辆已投保了车辆损失险。

发动机拆解下来后发现是连杆折断（图 10-36），折断的连杆把缸体打穿了。

图 10-35　发动机缸体被打穿

图 10-36　折断的连杆

对于本次事故的损失，保险公司能赔偿吗？

出险时是 2018 年，适用 2014 版车险条款，本次事故保险公司只赔油底壳、机油及拆装油底壳的费用，发动机大修及零部件的费用不赔，因为 2014 版车险条款约定"发生保险责任范围内的事故后未经修理继续行驶造成损失扩大的部分"属于车辆损失险的责任免除范围，所以这部分是不赔的。

2020 版车险条款将"发生保险责任范围内的事故后未经修理继续行驶造成损失扩大的部分"从车辆损失险的责任免除范围中删去了。如果事故是发生在 2020 年 9 月 19 日以后，本次事故的损失保险公司是可以赔偿的。

437 轮胎鼓包，投保了车辆损失险，保险公司能赔偿吗？

黄先生在 2018 年春节期间开车不小心蹭到路边的水泥墩，造成轮胎及钢圈损坏（图 10-37），保险公司能赔偿吗？

图 10-37　轮胎单独损坏

保险公司的回答是：不赔。

为什么车辆损失险不赔车辆碰撞的损失呢？这是因为车轮的单独损坏属于车辆损失险的责任免除。2020 年 9 月 19 日之前，也没有附加险可以赔偿，2020 年 9 月 19 日之后可以根据需要投保"车轮单独损失险"，这也是 2020 版车险条款新增的附加险。

车辆撞上路肩（俗称马路牙子）时，特别容易损坏车轮（图 10-38），开车时要特别小心。

图 10-38　车辆撞上马路牙子

为什么撞击马路牙子，轮胎侧面容易鼓包（图 10-39）呢？那是因为轮侧比较脆弱，如果速度过快，轮胎里面的帘子线容易变形或断裂，轮胎轻则鼓包（图 10-40），重则爆胎。

图 10-39　车辆撞击马路牙子造成轮胎损坏

图 10-40　轮胎鼓包

正确的通过方式是慢速通过或垫上一个三角垫通过（图 10-41）。

图 10-41　垫上一个三角垫通过

438 家用轿车第三者责任险限额应该怎么选？

2012 年 2 月 14 日中午 11 点半左右，南京禄口国际机场迎宾路 VIP 通道上，一辆东南 V3 菱悦轿车在弯道处与一辆价值 1200 万元的限量版劳斯莱斯幻影发生会车碰撞（图 10-42），东南菱悦是越过黄线撞上劳斯莱斯的，初步判定东南菱悦全责。

劳斯莱斯幻影左前轮胎轮毂及左侧碳纤维护板损坏严重（图 10-43），估算维修费需要 80 万元。

图 10-42   V3 菱悦撞上劳斯莱斯幻影

图 10-43   受损的劳斯莱斯幻影

菱悦车主是一名 90 后小伙子，初步判定他是全责，但交强险只能赔 2000 元，第三者责任险最高赔付 30 万元（只投保了 30 万元限额），另外 50 万元需要自掏腰包赔偿。还好遇到了好人，劳斯莱斯车主了解到菱悦车主的情况后表示不需要赔偿，但并不是每个人都会那么幸运。

菱悦车本身受损也比较严重，小伙子还为自己的修车费发愁，因为他没有投保车辆损失险。但他又遇到了好人，苏舜福菱公司提出为他免费修车。

菱悦车的受损情况看起来比较严重（图 10-44），但修理费却不到 6000 元（图 10-45）。

图 10-44   受损的菱悦轿车

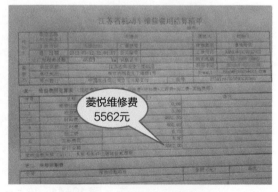

图 10-45   菱悦轿车维修清单

车主投保车险时，很多车主都觉得自己是经验丰富的老司机，投保一个交强险足够了。如果不出险其实根本不需要保险。千万不要有这种想法，一定要考虑风险的存在。本案例如果劳斯莱斯车主向肇事车索赔，这位小伙子砸锅卖铁也赔不起。

那么问题来了，家用轿车第三者责任险应该投保多少限额才合适？

北上广深等发达地区建议 300 万元以上限额，其他地区建议 200 万元限额以上，最好再附加法定节假日限额翻倍险。

439 大货车第三者责任险限额应该投保多少？

2017 年 4 月 10 日 21 时许，在广西南宁绕城高速高岭服务区往玉洞方向 1.2 千米左右，3 辆大货车和 1 辆汽车发生相撞，事故造成 10 人死亡，1 人受伤（图 10-46）。

4.10南宁绕城高速公路特大事故

受损的大货车，货物散落一地

受损的大货车

图 10-46 4.10 南宁绕城高速公路特大交通事故现场

事故起因为一辆由绕城高速高岭往玉洞方向驾驶的牵引车牵引一辆集装箱半挂车在绕城高速下行线行驶至事发路段时，与中心护栏发生碰撞后驶入对向车道，然后与对向行驶的一辆重型自卸货车、一辆中型仓栅式货车发生碰撞；在撞击过程中，集装箱半挂车上的集装箱甩落路面，与同向行驶的一辆小型客车发生碰撞，最终导致了惨烈事故的发生（图 10-47）。

本次事故损失巨大，第三方损失估计需赔 1000 万元，集装箱半挂车负事故的全部责任，如果半挂车公司只投保了交强险，那么这次事故将导致该运输公司破产。如果和普通轿车一样只投保了 100 万元 ~ 300 万元限额的第三者责任险也将是杯水车薪。那么大型货车应该投保多少限额的第三者责任险才合适？

大型货车运输货物吨位大、减速慢、惯性大，一旦发生事故将是巨大的，所以大型货车第三者责任险投保 800 万元 ~1000 万元限额为宜。

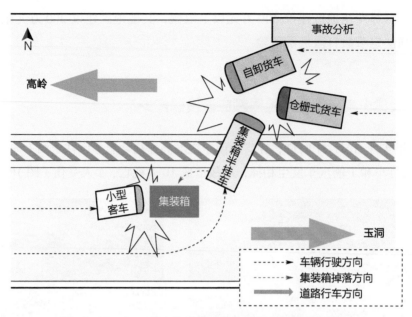

图 10-47　4.10 南宁绕城高速公路特大交通事故分析图

440 自家人撞自家人，保险公司是怎么赔付的？

2013 年 6 月 18 日晚上 8 点 35 分左右，浙江宁波奉化阳光茗都小区地下车库内，一新手女驾驶人倒车时撞死丈夫，然后因为头伸出去被夹在车和墙壁之间，夹死自己（图 10-48）。出事的这辆雷克萨斯 RX270 于 2013 年 3 月 15 日才刚刚上牌，还是一辆新车。驾驶人是一个刚取得机动车驾驶证 36 天的新手。

图 10-48
发生事故的车位

出事的雷克萨斯投保了交强险、100 万元的第三者责任险、1 万元限额的车上人员责任险，死者的家属起诉保险公司，要求（中国人保）在交强险范围内赔偿 11 万元（当时的交强险条款有责任死亡伤残赔偿限额），在第三者责任险限额内赔偿 100 万元，那么保险公司该如何赔付？

该案的赔偿分三部分：交强险、第三者责任险、车上人员责任险。

（1）交强险。

按当时的交强险条款规定,在交强险有责任死亡伤残项下赔偿死亡费用 11 万元(如果是发生在 2020 年 9 月 19 日以后可以赔偿 18 万元)。

（2）第三者责任险。

该事故发生在 2013 年,使用的是 2009 版车险条款,按 2009 版车险条款约定被撞死的丈夫不管是被保险人还是被保险人的家属,都不是保险的第三者,所以也不属于第三者责任险的赔偿范围,按当时的车险条款保险公司是不赔偿的。

如果该案件发生在 2020 年 9 月 19 日之后,本案中的女驾驶人是被保险人,那么保险公司就要在第三者责任险的限额内赔偿其丈夫死亡的费用。如果其丈夫是被保险人,保险公司还是不赔的,因为被保险人的人身伤亡属于第三者责任险的责任免除范围。

（3）车上人员责任险。

驾驶人是正常驾驶发生事故在车上死亡的,车上人员责任险负责赔偿 1 万元。

441 一辆中型客车翻入深沟,保险公司该怎么赔?

2018 年 2 月 20 日上午 10 时 30 分许,江西省瑞金市瑞祥运输服务有限公司一辆号牌为宇通牌中型客车(核载 19 人,实载 32 人),由瑞金市驶往瑞林乡,当行至江西省赣州市宁都县长胜镇境内 319 国道 429 千米 +200 米处转弯下坡时,车辆冲出路外,翻入深 10 米左右的深沟(图 10-49、图 10-50),造成 9 人当场死亡,2 人经抢救无效死亡,20 人受伤。

图 10-49 翻入深沟的中型客车

图 10-50 倒扣过来的中型客车

本次事故造成严重的人员伤亡,车辆应该投保有什么样的保险才能赔偿。本次事故死伤人员都是车上人员,要能获得保险公司的全部赔偿必须投保有足够限额的车上人员责任险或承运人责任险。如果是按车上人员责任险投保,那么每座最少 80 万元限额,否则死亡人员的赔偿就难以得到保障。

另外本车核载 19 人,实载 32 人,超载 13 人,本次发生事故时间在 2018 年,使用的是 2014 版车险条款，按 2014 版车险条款约定"违法、违章搭乘的人员保险公司不负责赔偿"，如果是发生在 2020 年 9 月 19 日之后，本次事故保险可以按 19 人进行赔偿。如果超载是造成本次事故的主要原因，保险公司还有可能拒赔。

442　乘客从车上被甩出，保险公司能赔吗？

2018 年 4 月 20 日下午 3 点左右，在常州新北区太湖中路与泰山路交叉路口，一辆面包车急转弯时，车门瞬间打开，从车内甩出一名婴儿，掉在了马路上（图 10-51）。幸好在一辆轿车驶来之前，一名女子抱起了孩子。

面包车车门未关好，过弯时车门打开

小孩被甩到车外

小孩被路过的人发现

图 10-51
面包车急转弯时，车门瞬间打开把婴儿甩出

如果这名婴儿受伤了，这辆车已投保车上人员责任险，保险公司赔吗？

车上人员责任险的保险责任如下：

保险期间内，被保险人或其允许的驾驶人在使用被保险机动车过程中发生意外事故，致使车上人员遭受人身伤亡，且不属于免除保险人责任的范围，依法应当对车上人员承担的损害赔偿责任，保险人依照本保险合同的约定负责赔偿。

本事故属于车辆在使用过程中发生的事故，属于车上人员责任险的保险责任，保险公司必须赔偿。

443　车窗被砸，车内物品被盗，保险公司能赔吗？

2017 年 11 月 18 日，一车主将车停在唐庄镇官庄村村口 107 国道附近，车窗被砸（图 10-52）。

图 10-52　车窗被砸

车内两个包被盗（图 10-53），包里有身份证、银行卡和一万元现金。

图 10-53　被盗的包

同样的案例，在现实生活中还有很多。

这种案例包含两个方面的损失：一是车辆的损失，二是车内物品的损失。曾经有过车主车窗被砸，几十万元现金被盗的案例，损失非常惨重。

车主投保了车辆损失险、全车盗抢险，保险公司会不会赔？按 2014 版车险条款规定"非全车盗抢、仅车上零部件或附属设备被盗窃或损坏"属于车辆损失险责任免除范围，所以车辆损失险不赔偿。

车内物品被盗保险公司会赔吗？更不会赔偿，因为汽车保险所有险种的保险责任都不包含赔偿车内物品被盗的损失。

2020 版车险条款已没有全车盗抢险，全车盗抢险的保险责任归到了车辆损失险，但赔付规则和之前的全车盗抢险的赔付规则是一样的。

444　偷车贼偷车后撞人撞物，保险公司能赔吗？

许多年前在四川发生过这么一个案例：一男子开着偷来的奥拓车发疯逃窜，在逃窜过程中撞上一辆人力三轮车，接着又撞上一名路人，随后又撞了杂货店、皮鞋店。事故共造成 3 人受伤，杂货店、皮鞋店及被盗车辆受损（图 10-54）。

图 10-54
被盗车辆发生事故

　　假设被盗车辆投保了车辆损失险、交强险、第三者责任险。对于本次事故造成的路人受伤、杂货店、皮鞋店受损、被盗车辆的损坏，保险公司能赔吗？

　　对于第三方的损失，应该由交强险、第三者责任险负责。交强险条款中规定车辆被盗抢期间发生事故造成人员受伤只垫付医药费，所以人员受伤是不赔的，财产损失可以在有责任限额 2000 元内赔偿。第三者责任险条款中明确规定车辆被盗抢期间发生事故造成损失属于责任免除范围，所以第三者责任险不赔。

　　车辆被盗抢期间发生事故造成的车辆损失属于全车盗抢险（2014 版车险条款）的保险责任，所以全车盗抢险会赔偿被保险车辆的损失。2020 年 9 月 19 日之后，全车盗抢险保险责任归到车辆损失险，由车辆损失险负责赔偿。

445　　路虎违停，价值 6 万多元的车胎被偷，保险公司能赔吗？

　　2017 年 12 月 14 日，一辆路虎揽胜停在路边，过了一晚后，第二天竟然变成了"残疾人"，4 个轮胎全不见了（图 10-55），只剩下砖头垫着车子。

图 10-55　车辆停在路边轮胎被盗

　　发现轮胎没了，被盗车辆第一时间与保险公司取得了联系。保险公司方面表示，尽管车辆投保了车损险和全车盗抢险（2020 年 9 月 19 日之前，全车盗抢险保险责任还没有归到车辆损失险），但轮胎丢失不在上述险种的理赔范围。也就是说，需要车主自己付全款重新安装 4 个轮胎，损失惨重呀！

本案例中，冯先生投保了车损险和全车盗抢险，为什么却得不到保险赔偿呢？因为"非全车盗抢、仅车上零部件或附属设备被盗窃或损坏"属于全车盗抢险和车辆损失险的责任免除范围。

446 车辆被刻字，保险公司能赔吗？

2015年3月23日，家住青山区友谊大道附近的曹先生车上被人刻了3处脏话。

除了车门外，发动机盖右侧、行李舱后侧，都被人用利器刮花，刻了脏话。开到4S店一问，修好要2000元。

对于这样的损失，保险公司赔吗？需要投保什么样的险种才能获得保险的赔付？

首先我们看看车辆损失险能不能赔，车被刻字、划伤应该属于意外事故，但"没有碰撞痕迹的划痕"属于车辆损失险的责任免除范围，所以车辆损失险不赔偿。

如果投保有附加车身划痕险，保险公司可以赔偿，前提是曹先生车辆被划不是由于民事、经济纠纷引起的。

447 车辆涉水造成发动机损坏，保险公司能赔吗？

在每年雨季都会听到这样的新闻，某某的汽车由于涉水熄火无法行驶被施救回修理厂，修理费需要几千到几万元。

图10-56所示的涉水就相当危险，水已经漫到汽车发动机的进气口了。

如果水漫到了车辆的发动机进气口，发动机在进气行程会把水飞快地吸入到气缸中，如果吸水过多，发动机会马上熄火。压缩行程进排气门是全关的，因为水没有压缩性，水无法通过气门排出，车辆会马上熄火抛锚（图10-57），严重的会导致连杆弯曲。图10-58所示的车辆已无法行驶，只能推车。

图10-56 涉水车辆

图10-57 涉水抛锚的车辆

图 10-58
涉水造成发动机损坏已无法行驶

　　有些驾驶人认为，涉水车辆熄火，可能是发动机电路泡水后线路短路造成的，不是那么严重。但是把车辆推出涉水区后却再也无法起动，将车辆拖到 4S 店或汽车修理厂维修，拆解发动机后却发现连杆已弯曲（图 10-59）。

　　更为严重的，连杆已折断（图 10-60）。

图 10-59　弯曲的连杆

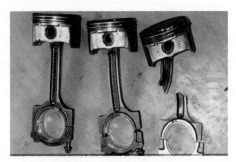

图 10-60　折断的连杆

　　最严重的情况是折断的连杆把缸体打穿（图 10-61），整台发动机几乎报废。

图 10-61　折断的连杆把发动机打穿

　　因此，汽车涉水可能会造成很严重的后果，普通的轿车可能需要几千甚至过万的修理费，高档轿车就更贵了。

　　那么涉水造成的发动机损坏，保险公司能赔吗？

　　如果按照 2020 年 9 月 19 日之前的车险条款，必须投保了发动机涉水损失险才可以赔偿；2020 版车险条款将发动机进水损坏归到了车辆损失险的保险责任中，只要投保了车辆损失险就可以赔偿。

448 发生交通事故如何拍照?

开车出门,稍不注意和其他车辆发生刮蹭是常有的事。事故发生后,车主们基本都选择快速处理。那拍照取证时,究竟怎么拍才是有用的呢?别以为这很简单,照片没拍好,可能会影响到责任的认定和理赔。

案例回放

一名女驾驶人开车上班的路上与另一辆车发生刮蹭(图10-62),由于这名驾驶人刚考取机动车驾驶证没多久,头一次遇到交通事故,非常紧张。

一开始,对方驾驶人说是自己的责任,于是双方协商将车辆挪到路边进行处理。但挪车后,对方驾驶人却不承认是自己的问题,一口咬定是女驾驶人的责任。

图10-62 双方车辆发生刮蹭

最后,这名女驾驶人只好报警,交警到现场后问她有没有现场照片。女驾驶人展示了自己拍得现场照片,但从照片中只能看到两车撞在了一起,其他什么都说明不了。交警只好经过大量取证调查,问题才得以解决。

避免纠纷最重要的是要收集好事故证据,有时候行车记录仪由于角度的原因也不一定能完全说明事故情况,所以事故发生后如何拍照取证就很关键了。**以下照片一定要拍:**

(1)全景照:车头及车尾(两张,图10-63)。

图10-63 事故现场全景照

全景照除了要注意对整个车身拍照,还要注意拍下周边参照物供交警参考,全景照要准确表达事故的发生地,以及两辆车边上的各种交通标志、标线等重要证据。

(2)中心照:车身左右两侧(两张,图10-64)。

现场中心拍照，需拍下全视野两辆车子的相对摆布，以及两车在道路上的相对位置。车子在画面中的位置占比达到四分之三比较合适。

图 10-64　中心照

（3）细目照：视现场情况（至少一张，图 10-65）。

图 10-65　细目照

现场细节主要包括碰撞点、制动痕迹、散落物等。拍摄碰撞点时，需要对碰撞点局部放大，照片一定要清晰！切记要能看清楚碰撞的深度或划痕的长度等，以便交警了解事故；拍摄制动痕迹要清晰记录停车的位置和制动痕迹的长度，这能说明车辆在事故中的行车轨迹，对于事故处理有决定性作用。

车辆碰撞后会在路面形成散落物，比如泥土、漆片等，拍摄散落物能准确反映事故发生时的瞬间情况，但要注意拍摄时要选好参照物，以便准确反映散落物的相对位置。

现场拍摄时，可以在车子侧面将停车时的车轮位置（图 10-66）进行拍摄记录，可以用胶带或纸片等物品在地面做好标记，以便出现纠纷时能够还原现场情况。

图 10-66　对车轮位置进行拍摄记录

发生交通事故后要立即设立警示标志，现场拍照时要注意交通安全。

449 酒后挪车发生事故，保险公司能赔吗？

2017 年 9 月 16 日 13 时 38 分许，杨某与弟弟在一家饭店吃饭。席间，弟弟有事先出去了。酒喝到一半，因开来的起亚汽车占了地方，有人要求将车挪一下。杨某不顾自己没有驾驶证且喝了酒，就出去挪车了。

就在挪车的时候，杨某不慎撞到了后方行人常某，致常某摔倒受伤（图 10-67）。交警到现场后，杨某因涉嫌酒驾被查处。经当地公安局交通警察支队四大队认定，杨某承担本次事故的全部责任，常某无责任。经当地公安司法鉴定中心鉴定，杨某血液中检出乙醇成分，乙醇含量为 229mg/100mL。

图 10-67
酒后挪车出事

因危险驾驶被判刑

当地人民法院经依法审理，判决被告人杨某犯危险驾驶罪，判处拘役三个月，并处罚金 3000 元。

判后，被告人杨某不服，提起上诉。上诉人杨某认为，其仅仅是在饭店门口倒车，不符合我国《刑法》第一百三十三条规定的"在道路上驾驶机动车"，不应构成危险驾驶罪。案件上诉到晋城市中级人民法院后，在承办法官耐心释法明理下，最终上诉人杨某撤回上诉，现一审判决已生效。

酒后小区院内、路肩上挪车也算酒驾

有人说，在停车场、酒店门口等场所挪车也算酒驾，这样有些不近人情了。其实，我国《道路交通安全法》第一百一十九条，对"道路"已有明确规定：道路是指公路、城市道路和虽在单位管辖范围但允许社会机动车通行的地方，包括广场、公共停车场等用于公共通行的场所。

另外，挪车也是开车驾驶，只要车子动了、驶离了原位，就可以认定有了驾驶行为。因此，无论是在停车场还是在酒店门口，只要酒后挪车就可以认定为酒驾行为

（图 10-68）。

图 10-68
酒后挪车也是酒驾

驾车不是儿戏，酒后别当司机，哪怕挪车也违法。千万别以为在公路、城市道路以外的地点酒后开车没事，就算是小区院内、路肩上，酒后挪车都算是酒驾。

无论是交强险还是商业险，酒后（交强险是醉酒）驾车都属于责任免除范围，造成的事故保险公司都不负责赔偿。交强险可以垫付受伤抢救费，商业险既不垫付也不赔偿。

450 经常看到有人在网上发"车险 12 不赔，请务必收藏"的推文，是真的吗？

网上确实有"车险 12 不赔"的说法，但根据最新版车险条款，有些说法已经过时，存在一些错误。下面我们来分析一下这 12 种情况：

（1）车辆已投保，但开车的人不合法，不赔

原文：假如你的驾驶证过期了，哪怕过期一分钟，都不赔！

纠错：按照最新版车险条款，只有驾驶证被依法扣留、暂扣、吊销、注销期间，驾驶机动车出险才不赔；驾驶证到期后未换证，只要驾驶证没被注销就是有效的，保险公司可以赔付。

（2）发动机进水千万别打火

原文：万一你在一个大水坑里灭车了，千万别试图再次打火，我断定你 100% 打不着，而且 100% 得不到理赔。特别注意，有发动机起停技术的，小心右脚一抬刹车，发动机自动开始点火工作，那你就惨了！气缸啊，顶杆啊，曲轴啊，都自己买吧~

纠错：按照最新版车险条款，只要投保了车辆损失险，车辆由于涉水造成的发动机损坏是可以赔偿付的，熄火后再次起动发动机也不属于车辆损失险的责任免除范围。

（3）撞了自家人绝对不会赔

原文：就算你和家里人有仇，都不要打算通过驾车谋杀这种手段获得巨额保险赔偿，保险人、被保险人、发生事故时驾驶人的家庭成员，都不在第三者责任险赔付范围内。

纠错：最新版车险条款中的第三者是指因被保险机动车发生意外事故造成人身伤亡或者财产损失的人，但不包括被保险机动车本车车上人员、被保险人。因为第三者责任险条款中仅约定了"被保险人、被保险人允许的驾驶人、本车车上人员的人身伤亡"为责任免除，被保险人和驾驶人的家庭成员的人身伤亡属于第三者责任险的保险责任范围。

（4）拖着没保险的车撞车不赔

原文：假如你的车没保险，坏在路上了，喊来隔壁老王帮你拖回家，结果半路老王的车被撞了，那你就算害死隔壁老王了，当然，如果你和隔壁老王有仇，就可以暗笑了！

纠错：这一条存在表述不清的问题，如果是你的车撞了老王的车，保险公司当然不赔，因为你的车没保险；但如果老王的车是被别人的车撞了的，别人还是要赔的。

（5）报案不及时不赔

这种说法是正确的。

原文：如果你是个慢性子，把车撞了之后，在家冥思苦到底是谁的责任呢？想不通就睡一觉，还想不通就吃一顿，等想通时已经超过48小时，那就继续想吧，不要指望保险公司赔付修车钱了，因为超过48小时报案时效，保险公司不赔偿。

这种说法是正确的。

（6）未定损直接修车不赔

原文：撞车后，如果你不打算自掏腰包就不要擅自维修，等你修完拿着发票找保险公司报账的时候就会发现，保险公司根本不认你修车的费用，即便报过案也没用。出险后必须先到保险公司指定的地方定损，即便在外地也不例外。

这种说法是正确的。

（7）把负全责的肇事者放跑了不赔

原文：假如因为同情肇事者，就大手一挥说：你走吧，我有保险，不用你赔偿了。

这种情况属于主动放弃对第三方请求赔偿的权利，保险公司也不赔偿，因为放走负全责的肇事者相当于没有了债权，保险公司无法行使代位求偿。

这种说法是正确的。

（8）收费停车场内丢车、剐蹭不赔

原文：假如你的车停在收费停车场被剐了，保险公司不赔偿，要找停车场讨赔偿，因为停车场收了停车费后负有保管义务，保管期间的意外损失由保管人负责。

这种说法是正确的。

（9）部分零件被偷不赔

原文：已投保车辆损失险，车在外面放了一夜后发现发动机没了，保险公司不赔；轮胎没了，也不赔；车上任何一个零部件被偷被抢，保险公司都不赔！

这种说法是正确的。因为"非全车盗抢、仅车上零部件或附属设备被盗窃"属于车辆损失险的责任免除范围。

（10）车灯或倒车镜单独破碎不赔

原文：以前常有人把一个被撞坏的车灯，放在好几辆车上理赔。结果这个骗保的招数被保险公司识破了，从此便有了这样一个规定：单独车灯和后视镜破损，不赔！

纠错：单独车灯和后视镜破损属于车辆损失险的赔偿范围，只有车轮的单独损坏保险公司不赔。车轮的单独损坏可以通过附加车轮单独损失险赔偿。

（11）撞人后精神损失费不赔

原文：万一你把人家撞了，对方索要"精神损失费"，千万别答应，先去问一下律师，反正保险公司是不赔的，因为保险公司认为，撞车事故是物理损失，而不是精神损失。

纠错：只要投保了附加精神损害抚慰金责任险，精神损失费是可以赔的。

（12）多保不多赔，少保就少赔

原文：某车主花5万元买了一辆捷达二手车，投保了50万元限额的保险，幻想车辆被撞后保险公司能赔50万元，一夜之间就发财了，这种事儿只能出现在梦里。不过如果花50万元买了一辆奔驰，只投保了一个5万元限额的保险，保险公司也只能赔偿5万元，不会多赔。

这种说法是正确的。